퇴적 공간

堆積

空間

왜
노인들은
그곳에
갇혔는가

퇴적 공간

오근재

민음인

차례

노인을 위한 도시는 없다

노인이 된다는 것. 필연적인 일이지만 젊은 시절에는 단 한 번도 진지하게 고민해 보지 않는 일. 나이가 들고 신체가 노쇠해지면서 자연스레 따라오는 변화를 감지하게 되는 일. 자신이 더 이상 현역이 아니라는 사실과 그럼에도 지난하게 이어지는 인생을 살아 내야 한다는 사실을 인정하게 되는 일. 그리고 고독과 친해지는 일. 누구도 피해 갈 수 없는 고독의 시간이 결국 내 몫이며 내가 겪는 순간이라는 사실을 깨닫는 일. 그렇다면 나이 든 이들이 머무는 공간은 어떠할까.

재직하고 있었던 대학에서 퇴임을 한 후 나는 한동안 탑골공원과 종묘시민공원 일대를 탐사했다. '탐사'라고 하는 까닭은 나의 발걸음이 내 안에 고인 어떤 질문을 해석하고자 하는 여정이었기 때문이다. 교수라는 직함을 반납하는 동시에 나는 '노인'이 되었다. 자본주의 사회에

7

서 공인된 직업으로 일정 수준의 소득을 벌어들이지 않는 이상, 나이 든 자는 개인의 선택이 아닌 사회적인 잣대로 '노인'으로 분류된다는 사실을 알게 되었다. 이는 엄청나게 충격적인 깨달음이었다. 갑자기 고독이 밀려왔다. 대한민국에서 살아가는 노인이라는 존재에 대해 진지한 질문이 뒤따랐다. 그리고 어느 날 나는 집을 나섰다.

서울에는 다른 나라의 수도에서는 찾아볼 수 없는 진풍경이 하나 있다. 오갈 데 없는 노인들이 만들어 낸 거대한 군집이 바로 그것이다. 대한민국의 노인이란 어찌 보면 참으로 불쌍한 존재다. 가족의 품에서 태어나 자랐고 가정을 꾸려 열심히 가꾸어 왔지만 가족의 품으로 온전히 되돌아가지 못하고 유리방황하는 존재이다. 이 시간에도 노인들은 탑골공원에서, 종묘시민공원 광장에서 시간을 죽이며 하루하루를 보내고 있다. 그들에게도 영광의 시절이 있었다. 한때는 자랑스러운 아버지로, 한 세대의 기수로, 나라의 산업 일꾼으로 살았건만, 그런 기억들은 추억의 잔해로 남아 있을 뿐이다. 지금은 시대의 강물에 떠밀려 잉여의 존재로 퇴적 공간에 쌓여 있다. 이들은 어떤 사연으로 모여드는 것일까. 가족이 있을까. 있다면 가족 안에서의 위치는 어떨까. 가족이 없다면 어째서 가족과 함께하지 못하게 되었을까. 이곳에 모여 무슨 일을 하고 있을까.

이런 개인적인 호기심에 대해 해답을 얻고자 몇 달 동안 그들과 함께 지냈다. 그렇게 만들어진 이 책은 한마디로 강의 상류로부터 떠밀려 내려 하류에 쌓인 모래섬과 같은 '퇴적 공간'을 탐사한 기록이다. 더운 여름부터 겨울이 깊어질 때까지 지하철을 타고 종로3가 역에서 내려 탑골공원에서 낙원상가로, 경운동과 돈의동의 피맛골 골목으로, 묘동과 봉익동, 종묘시민공원으로 한동안 매일같이 싸돌아다녔다. 수많은 노인들을 만났다. 어디를 가나 그만그만한 노인들로 넘쳐났지만 맨얼굴을 드러내는 사람은 드물었다. 여름철에는 하루에 대략 3000명 정도의 인파가 종묘시민공원으로 몰려든다.

모두가 한때 '사람'이었지만 지금은 소위 '어르신'으로 불리는 노인들이다. 다소 심한 표현일지 모르지만 한국에는 사람은 없고 오직 인구통계학적인 대상만 존재한다. 복지수당의 대상으로서의 영·유아가 있고, 초딩·중딩·고딩·인적자원으로서의 노동자들, 그리고 작년부터 호칭이 바뀐 '어르신'이 있을 뿐이다. 노인에서 어르신으로 호칭이 바뀌었다는 사실은 그럴듯한 껍질 안에 숨어 있는 정치적인 속내를 간접적으로 증언한다. 그래서인지 뒷맛이 씁쓸하다. 청소부를 미화원으로, 파출부나 식모를 가사도우미로, 택시 운전사를 기사님이라는 호칭으로 바꾸어 부르자는 일련의 흐름에서 오는 마뜩찮음처럼.

이처럼 국가나 지자체의 정책 입안자들이나 사회복지 연구자들은 노인을 인구통계학적 인식 대상으로 본다. 성별로 나누고 소득 수준으로 가르며 돌보미 유무를 파악하여, 어떤 대상을 어느 정도의 복지 수준으로 대할 것인지를 결정한다. 그래서 노인은 언제나 보이는 대상으로 물성화될 뿐, 주체성을 지닌 인간으로 대접을 받아 본 적이 없다. 이 책에서 나는 그들도 한 때 '사람'이었다는 사실을 대신 말해 주고 싶었다.

젊은 시절에 그들은 지식과 능력을 팔았고, 웃음과 친절을 팔았으며, 열정과 에너지를 돈으로 바꾸면서 가족의 생계를 꾸리고 자녀들의 미래에 인생을 투자했다. 그러나 짐작이나 했을까? 자신의 능력과 행위와 감성을 떼어 내 화폐로 바꾸는 순간, 그것들이 자신의 몸으로부터 떨어져나가 다시는 되돌아오지 않는다는 사실을 말이다. 어느 날 문득 늙고 쇠락해 이제는 더 이상 떼어 내 팔 수 있는 것이 바닥나 있음을 자각하게 되었을 때 그들은 깨달았다. 자신들이 인간으로 살아온 것이 아니라 자본주의사회의 '자원(Human Resource)'으로 분류되어 살아왔음을, 물성적 교환가치가 소멸되는 순간 시장에서 찌꺼기처럼 폐기되었음을. 그래서 '어르신'들은 누구랄 것 없이 고독하고 쓸쓸하다. 과거에 등가적 교환가치를 풍성하게 지녔던 이들은 모든 것이 떠나간 텅 빈 뒷자리를 감당해 내지 못하고 있다. 노인들의 구조적 불행은 이렇게 시작되었다.

그들은 갖가지 사연을 안고 탑골공원과 종묘시민공원으로 몰려든다. 동병상련이라고 할까. 비슷한 처지에 놓여 있는 이웃을 보는 것만으로도 위안이 된다. 사람이 모이는 곳에는 먹이 사슬이 생기는 법. 여기에도 예외 없이 노인들의 주머니를 털려는 이들이 등에처럼 붙어 있다. 바둑과 장기 같은 게임판을 대여하는 자, 시국강연자, 작은 음식점과 소주방 운영자, 커피와 박카스를 파는 아줌마들이 그들이다. 이 작은 공간 안에도 작은 사회조직이 움직이는 것이다. 우리가 살고 있는 세상을 '먹는 자'와 '먹히는 자' 두 그룹으로 나누어 본다면, 우리 '어르신'들은 젊었을 때는 자본주의자 고용주에게, 지금은 이런 등에들에게 먹잇감을 제공해 주며 석양처럼 소멸되어 간다.

노인 집단은 이 시대 젊은이들을 비추는 사회적 거울이다. 죽을 때까지 다 살아야 미래를 알 수 있는 것은 아니다. 앞서 살아가는 이들의 족흔(足痕)은 뒤따르는 이들의 미래를 가늠하는 척도나 다름없다. 퇴적 공간에 쌓여 있는 잉여 인간들의 모습을 기록한 이 책은 노년을 앞둔 젊은이들에게 머지않아 다가올 미래의 본모습이다.

여러 사람이 작업에 도움을 주었다. 이 자리를 빌려 고마움을 표하고 싶다. 오승재, 신현숙, 엄영애, 이진혁, 안준영, 이하나 님은 이 글이 저자의 블로그에 매회 연재될 때마다 내용에 대한 질책과 지지로 성원해 주었다. 윤정수, 오필숙 님은 현장 탐사를 위해 헌신해 주었다. 박성현 님은 현장 촬영으로, 이준섭 님은 72페이지 그림을 그려 주어 줄고가 풍성해질 수 있도록 도움을 주셨다. 기획을 담당한 안신영 님은 이 글이 이 시대의 좌표대 위에 의미 있는 자리를 잡을 수 있도록 애써 주었다. 부족한 원고의 출간을 결심한 민음인 김세희 대표님의 넉넉한 배려와 원고가 책으로 만들어지는 데 날카로운 지적을 아끼지 않은 편집부에 진심으로 감사드린다.

'늙음'을 응시하다

1981년 노인복지법 제정으로 우리나라는 노인 문제에 대한 국가적인 관심을 제도화시켰다. 그 법이 제정되기 1년 전의 인구 통계에 따르면 우리나라 전체 인구 약 3700만 명 중에서 65세 이상의 노인 인구는 약 140여 만 명으로 3.87퍼센트에 머물러 있었다. 그러나 통계청의 같은 자료(2011년 12월 작성)에 따르면 2012년 현재 65세 이상은 총 인구 대비 약 11.3퍼센트를 기록하고 있다. 이 통계는 지난 30년 동안 노인 인구가 7퍼센트 가까이 가파르게 증가했음을 보여 준다. 어디까지나 추정치에 불과하지만 이러한 인구 변동 추이로 볼 때 총 인구 대비 65세 이상의 노인 비율은 2020년에는 약 15.7퍼센트, 2030년에는 24.3퍼센트, 2050년에는 무려 37.4퍼센트에 이를 것으로 보인다. 인구 변동은 변수가 많으므로 통계청의 추정치와 반드시 일치한다고 장담할 수는 없다. 하지만, 이 통계 수치는 한국 사회가 지금까지 겪어 보지 못한 새로운 인구사회학적 환경에 놓이게 될 가능성을 암시한다. 이러한 인구변동 추세는 상위 그룹과 하위 그룹을 제외한 평균치이기 때문에 신뢰 수준을 어느 정도 담보하고 있다.

노인을 몇 세 이상으로 규정할 것인가에 대한 정확한 법적 근거는 아직 없다. 노인복지법에도 명문화된 연령 규정은 없다. 이 책에서는 65세 이상을 잠정적으로 노인이라 규정하고자 하는데, 이는 대한민국 기초노령연금법 제3조의 연금 지급대상자 규정과 노인장기요양보험법 제2조 1항에 근거한 것이자 유엔 통계국이 지난 1950년대에 발표한 기준 연령을 참고한 것이다.

물화

현대 사회에서 '노화'란 단순히 생물학적인 의미로 유기체 기능의 퇴행과 감퇴만을 말하지 않는다. 건강한 신체와 지적 능력을 지닌 사람이라 해도 노동 시장에서 퇴출되면 사회적인 쓸모를 인정받기 어렵고, 무엇보다도 자본주의 시장에서의 상품 가치를 잃어버리게 된다. 이렇게 본다면 노화는 한 개인이 노동시장으로부터 밀려나는 거리에 비례한다고 말하는 편이 옳다. 노동시장의 중심부로부터 떨어져 나온 거리에 정비례하여 노화도 그만큼 진행된다고 할 수 있다. 우리가 채택한 자기조정시장 자본주의 체계에서는 무엇이든 상품 가치를 지니지 않으면 가치를 인정받을 수 없기 때문이다. 일반적으로 상품의 속성은 그 자체로 영혼을 지니지 않은 물화(物化)된 대상들이다. 자유시장경제 체계에

서는 인간까지도 상품 가치를 지니기 위해 물적 대상으로 간주되기 십
상이다.

오늘날 한국 사회에서 생물학적으로 젊고 늙음에 상관없이 사람들이
얼마나 극단적으로 상품화되고 물화되어 있는가는 박찬일의 시에 잘
나타나 있다.

승용차가 강물에 추락하면
상수원이 오염됩니다.
그러니 서행하시기 바랍니다.

나는 차를 돌려 그 자리로 가
난간을 들이받고
강물에 추락하였습니다.
기름을 흘리고
상수원을 만방 더럽혔습니다.

밤이었습니다.
하늘에 글자가 새겨졌습니다.
별의 문자 말입니다.
승용차가 강물에 추락해서
상수원이 오염되었습니다.
서행하시기 바랍니다.

내가 죽은 것은 사람들이 모릅니다.

하느님도 모릅니다.

— 박찬일, 『나는 푸른 트럭을 탔다』 중 「팔당대교 이야기」, 민음사, 2002

이 시는 물화되고 상품화된 한 인간의 죽음이, 팔당대교의 물을 상수원으로 하고 있는 1000만 서울 시민들의 시장가치를 심대하게 훼손할수 있다는 점을 역설적으로 보여 준다. 2연에서 주인공은 죽음으로 이러한 매몰찬 현실에 반항한다. 그렇지만 저항하다가 사라진 한 사람의 죽음의 의미와 가치는 시 안에서 찾아볼 수 없다. 주인공의 죽음은 사람들뿐 아니라 하느님도 모른다는 자조적인 표현에서 이러한 사실을 추론해 볼 수 있다. 왜 모른다고 했을까? 그것은 한 인간의 죽음을 가치 상실로 보지 않고 사물의 단순한 공간 이동이라는 물리적인 변화로 보았기 때문이다. 팔당대교에서 떨어져 자살한 주인공이 사람이 아니고 사물이었다면, 그것은 가치 상실이 아니라 사물의 위치 이동에 불과하다. 여기 있던 조약돌이 저기로 위치를 옮겼다고 해서 그 이동에 어떤 의미가 생성될 수 있을까? 이러한 사소한 일까지 하느님이 아실까? 이 시를 통해서 박찬일은 가치를 상실하여 한갓 사물이 된 인간이 대교 위에 있든 대교 아래 강물 속에 있든 그 장소에 어떤 의미가 있는가를 묻고 있다.

이런 관점에서 본다면 노화는, 이미 상품화되고 물화된 인간이 그 쓸모를 잃고 시장의 변두리로 밀려나는 과정이라고 말할 수 있다. 자본주의는 모든 인간을 제한된 기능을 가진 부품처럼 교육시켜 길러 내기 때문에 노동현장에서 이직이나 퇴직을 하면 본체에 맞지 않는 부품처럼 쉽게 폐기되어 버리는 속성을 지니게 된다. 현대사회에서 노화는 이렇게 촉진된다.

우리나라는 1960년대 이전까지만 하더라도 노인들이 사회학적 노화를 견뎌 낼 수 있는 장치로써 토지를 소유할 수 있었다. 그러나 개발독재 시대 이후, 소위 세계화 시장 체계를 도입한 이후 사회학적 노화 현상은 급속하게 일어났다. 토지 노동자들은 경작할 토지를 잃고 노동기계의 부품과 같은 사물(事物)로 전락했다. 아프리카나 남아메리카의 일부 국가에 조성된 커피 농장이 바로 그 예이다. 그들은 커피나무를 재배하고 나무로부터 얻은 열매를 판 돈으로 곡식을 사먹는다. 커피 농장이 조성되기 전에 존재했던 인간과 자연 사이의 긴밀하고 친밀했던 관계성은 사라져 버리고 인간은 자본의 법칙에 지배받는 순환적 부품으로 전락한 것이다. 우리 주변의 상황도 마찬가지다.

오늘날 젊은이들 대부분은 가정에 속한 직계존비속의 노인과 어린아이를 직접 부양하는 방식을 버리고 자본의 법칙에 따른 커피농장의 노동자처럼 간접 부양하는 방식을 따르고 있다. 커피 열매를 팔아 얻은 돈으로 식량을 사듯, 제3의 사람과 기관을 통한 자녀의 양육과 부모의 요양을 자신들의 노동력으로부터 얻은 돈과 치환한다. 말하자면 인간과 인간 사이의 본질적 관계를 잃어버린 채 모든 관계를 돈이라는 등가물(equivalent)로 매개하는 방식을 채택하고 있는 것이다. 이것은 생물학적인 관점과 무관한, 자기조정시장 자본주의를 채택하고 있는 대한민국의 사회학적 노화 현상이다. 그러므로 개인에 따라서는 40대

후반부터 노화 현상을 맞이하는 사람이 있고, 때로는 고령임에도 불구하고 자신의 상품적 가치를 시장 속에서 여전히 확인받는 사람도 있다. 이것이 곧 일반 동물들과 다른, 인간의 사회학적 관점의 노화 현상이다.

형상

지금까지 우리는 자본주의 체계를 채용하고 있는 사회에서는 인간이 상품 가치를 상실하기 시작하면서 노화가 시작된다는 말을 해 왔다. 그러나 우주의 '운동'을 통해서 노화를 설명한 철학자가 있었다. 고대 그리스 시대 형상론을 주창한 아리스토텔레스다.

감관(感官)의 세계로부터 이데아를 완벽하게 분리시킨 스승 플라톤과는 달리, 그는 이데아와 유사한 개념으로 볼 수 있는 형상(形象)은 사물에 내재할 뿐이라고 주장했다. 이를테면 컵이라는 것은 머릿속에 관념적으로 존재하는 컵이라는 형상을 흙이라는 질료에 한정시켜 얻어 낸 결과물이라는 것이다. 따라서 컵이라는 형상은 찰흙이라는 질료로부터 결코 분리될 수 없다. 이로써 우리가 살고 있는 세계는 형상과 질료의 결합으로 이루어진 것들로 구성된 구성체라는 사실을 깨달을 수 있다.

그러나 컵과 같은 일반 사물이 아닌 생명체인 형상은 어떻게 획득할까? 그가 주장한 생물학적 '형상'은 유기체가 실현해야 할 목적이기 때문에 모든 개별자가 행하는 운동의 정점과 일치한다. 즉, 어린아이의 내부에는 그의 형상으로서의 어른이 내재되어 있고 수박씨 안에는 잘

익은 수박이 형상으로 잠재되어 있으며 어린 묘목 안에는 잘 자란 성목(成木)이 형상으로 내재되어 있다는 것이다. 그러므로 생명체의 운동이란, 형상이라는 극점에 이를 때까지 진행되는 불완전한 위치를 벗어나고자 하는 운동에 붙은 이름이라 할 수 있다.

이러한 까닭으로 고대 그리스 시대나 로마 시대, 또 그 시대의 인본주의를 계승했던 르네상스 시대의 미술작품 대부분에 등장한 주인공들은 한결같이 젊고 아름답다. 표현하려는 대상의 형상이 가장 이상적으로 무르익은 상태에 도달했을 때를 상정해서 이를 작품에 적용했기 때문이다. 그러므로 언제나 가장 이상적인 청년과 이상적인 아름다움을 지닌 처녀가 있을 뿐이다. 아리스토텔레스의 형상론을 이해하면 밀로의 섬에서 발견된 비너스 상, 미켈란젤로가 성 시스티나 성당의 천장

18페이지 하단 왼쪽 「비너스(Vénus)」, 작자 미상, B.C. 130-B.C. 120, 루브르 박물관
18페이지 하단 오른쪽 「아담의 창조(Sistine Chapel Ceiling)」 중 부분, 미켈란젤로, 1508-1512, 바티칸 미술관
왼쪽 「다비드(David)」, 1501-1504, 미켈란젤로, 아카데미아 미술관

에 그려 넣은 아담, 이스라엘 통일왕국 시대의 다윗 왕을 모델로 빚은 다비드 상 등이 잘생긴 젊은이로 한결같이 등장하고 있는 이유를 알 수 있다.

　다윗 왕에게는 위의 조각상처럼 성장하기 이전의 어린 시절과 사망하기 전까지의 노년기가 있었을 것이다. 그러나 지금 그는 완벽에 가까운 늠름한 모습의 이상적인 청년상을 자랑하고 있다. 다윗이 어린 시절을 겪고 자라서 왕이 될 때까지의 모든 운동은 이처럼 불완전한 상태를 벗어나려는 과정에 해당하는 변화를 의미한다. 비너스는 우라노스의 남근이 바다에 떨어졌을 때 그 물거품 속에서 탄생했고, 아담은 성경에 따르면 하나님이 직접 흙을 빚어 호흡을 불어넣어 창조했으므로 형상에 이르는 운동 과정이 없는 상태, 즉 마치 사물처럼 이상적인 형상으로 곧바로 창조되었을 가능성이 크다. 하나님이 흙으로 인류의 조상인 아담을 빚어 만들기 전에, 아담의 형상은 선재적(先在的)으로 하나님의 머릿속에 있었을 것이다. 막 태어나 작고 오물거리는 유아나 늙고 병들어 근육이 말라버린 노인의 모습은 분명 아니었을 것이다. 하나님은 질료인 흙의 무한정한 잠재성을 한순간으로 제한하고 가장 이상적인 인간의 형상(Eidos) 안으로 질료를 구속시켰을 것이다. 이렇게 해서 육체적으로 결점 없이 완성된 아담이 창조되었다고 볼 수 있다.

그러나 이처럼 이상적인 미술품을 바라볼 때마다 우리는 한 가지 의문을 떠올린다. 그것은 가장 이상적인 형상을 지닌 이들이 시간이 지나면서 어떻게 변했을까에 대한 궁금증이다. 그림 속의 아담이 완전한 형상을 얻은 나이를 20세 전후라고 간주한다면, 그가 죽을 때까지 약 900년 동안은 그는 어떤 모습을 지녔을까?(아담은 노아의 아버지 라멕이 56세가 된 해에 죽었는데 그 당시 나이는 930세였다.) 다윗 왕의 정확한 탄생 연대는 기록에 남아 있지 않지만 왕위에 오른 해가 기원전 1010년이었으므로, 그가 즉위했을 당시, 그는 가장 왕성한 젊음을 지니고 있었을 것이다. 그렇다면 기원전 970년 사망 당시 그는 어떤 모습이었을까?

그러나 아리스토텔레스의 형상론에는 형상의 획득 다음에 오는 운동에 대해서 특별한 설명이 없다. 모든 개별 생명체의 운동 목적은 형상의 달성에 있기 때문이다. 이렇게 본다면 형상에 도달한 다음 소멸의 시점까지의 운동에 노화라는 말을 붙일 수 있지 않을까. 형상에 도달한 다음에는 또 다시 달성해야 할 목적이 없으므로 그 과정을 소멸에 이르는 노쇠(老衰)의 과정이라고 할 수 있을 것이다. 말하자면 형상과 질료가 가장 완전하게 묶여 있는 상태를 벗어나는 순간, 서로의 구속으로부터 차츰 느슨해져서 원래의 형상과 질료의 상태로 환원되어 가는 과정이 노화일 것이다.

이러한 고대 그리스 시대의 사유를 잘 드러내는 일화가 있다. 기원전 580년 경, 델피의 아폴로 신전에 바쳐진 클레오비스와 비톤에 대한 이야기다.

두 아이의 어머니 시디페는 아르고스에 살고 있는 헤라 신전의 여사제였다. 신전은 아르고스로부터 약 8.3킬로미터 떨어진 거리에 있었는데, 제사용으로 가져가려는 소가 도무지 움직이지 않았다. 쌍둥이 형제는 어머니를 도와 신전으로 가지 않으려고 발버둥 치는 소를 간신히 끌고 가서 제사를 드리도록 도왔다. 아들들이 너무나 대견하고 기쁜 어머니는 헤라 신에게 청원을 했다. 세상에서 인간에게 줄 수 있는 최선의 선물을 아들들에게 내려 달라고.

그날 밤 평화롭게 잠든 형제는 다음 날 아침 잠에서 깨어나지 못했다. 죽은 것이다. 두 젊은이의 시체는 헤라의 신전에 눕혀졌고 다시는 일어나지 않았다. 헤라신

「클레오비스와 비톤(Kleobis & Biton)」, 작자 미상, B.C. 590, 델피 미술관

은 어미 마음과는 상관없이 자기가 생각할 수 있는 최상의 선물을 여사제의 두 아들을 위해 베풀었던 것이다.

젊은 시절에 죽어 주변 사람들이 그들을 영원히 젊은이로 기억할 수 있도록 배려하는 일은 그리스 사람에게 있어 최고의 영광이었다.

주변을 둘러보면 어떤 이들은 노인들을 '지혜자'라고 부르자 하고 어떤 이들은 '어르신'이라고 부르자고 한다. 또 어떤 이들은 '노쇠해진다'는 표현 말고 마치 감이 연시가 되어가듯 '농익어 간다'라고 표현하는 것이 바르다고 말한다. 이렇게 말하는 사람들은 아리스토텔레스의 형상론을 모르거나 그가 주장했던 목적인(final cause)을 애써 외면해 왔을지도 모른다. 오늘날 우리가 노화에 어떤 인간 가치를 부여한다 할지라도 형상론의 입장에서 본다면 그것은 알맹이 없는 헛된 레토릭에 불과하다.

이것은 순수한 사고(思考)실험이지만, 만일 자본주의 사회에서 충분한 재화의 획득을 형상의 획득이라고 바꿔 말할 수 있다면, 어쩌면 한 개인에게 있어서 돈을 가장 왕성하게 벌 때가 그가 형상을 획득한 시기라고 볼 수도 있을 것이다. 이렇게 본다면 재력을 충분히 지닌 사람들은 영원히 소멸되지 않은 형상, 즉 영생을 획득한 자로 여겨질 가능성이 크다.

가치

인간의 기대 수명이 길어진다는 사실은 모두에게 커다란 행복을 안겨 준다. 어느 날 갑자기 폭력처럼 다가오는 죽음을 누가 기쁘게 맞을

「군선도(群仙圖)」, 김홍도, 1776, 호암미술관

도를 깨달아 영원히 늙지도 않고 죽지도 않는다는 선인들을 그린 그림.

3000년 만에 열리는 장수의 선과인 복숭아의 결실을 기념하여 중국 곤륜산의 서왕모가 베푸는 연회에 초대받아 가는 선인들의 모습을 그렸다. 종리권, 여동빈, 장과로, 한상자, 이철괴, 조국구, 남채화, 하선고 등의 8선이 그림의 주된 소재다. 때로는 삼천갑자 동방삭과 노자도 등장한다.

이 그림에서는 말을 타고 있는 신선 장과로와 딱따기는 나무 악기를 들고 가는 대머리 조국구, 그 뒤로 대나무통 악기를 들고 가는 한상자와 세 명의 동자가 보인다.

수 있겠는가? 누구나 무병장수를 바란다. 특히 기대 수명이 짧았던 시절에는 더욱 그러했다. 평균 수명이 40대에 머물렀으리라 짐작되는 조선시대 말기 화가 김홍도는 「신선도」를 즐겨 그렸다. 신선이란 도교에서 전설처럼 전해지는, 인간이면서도 영원한 생명을 누리는 상상의 인물이기 때문에 신선도란 이러한 인간적인 염원이 담긴 그림일 터이다. 의학이 발달하지 않았던 시대에는 대부분 젊은 나이에 병들어 죽었기 때문에 자신들의 염원에 이러한 신화를 투사하여 꾸며 내고 그림으로 그렸다. 「구약성서」의 아담이나 무드셀라처럼 930년 혹은 969년 동안 살 수 있다면 얼마나 좋을까? 실제로 현대의 생명공학은 이 염원이 꿈이 아니라 현실이 될 수 있는 가능성을 보여 준다. 부품을 교체해 멀쩡하게 다시 쓸 수 있는 기계처럼, 인간의 세포조직이나 장기를 재생하여 부품을 교환하듯 바꿔 끼는 이식술이 점차 높은 성공률을 보이고 있다.

지구촌에 있는 모든 사람들이 구약시대처럼 900년 내지 1000년씩 산다고 가정하거나 더 극단적으로는 아예 죽지 않는다면 과연 행복할 수 있을까. 이에 대해 부정적인 생각을 가진 사람도 있다. 아르헨티나의 우화 작가 보르헤스다. 그는 사람들이 죽지 않고 영원히 산다면 모든 의미가 사라진다고 주장했다. 어떤 사람이 교통사고를 당했다고 가정해 보자. 그 사건이 사람들에게 충격을 주고 의미를 안겨 주는 까닭은 그가 죽게 될지도 모른다는 두려움 때문이다. 그러나 사고 후에도 그가 영원히 죽지 않는다고 가정한다면 사건은 우리로부터 충격과 의미를 앗아갈 것이다. 좋은 대학에 입학하거나 좋은 직장에 취직하는 일

또한 마찬가지다. 만일 영원히 죽지 않는다면 어떤 기준으로 좋은 대학, 좋은 직장이라는 가치를 둘 수 있을까. 보르헤스의 관점에 따르면 인간은 죽음을 전제한 한계적 존재이기 때문에 그로부터 모든 가치와 의미가 생성된다. 그의 단편 「죽지 않은 사람들」은 그런 내용을 담고 있다. 역설적인 말처럼 들리겠지만, 이 단편은 신선도에 담긴 우리 모두의 염원과는 달리 죽음만이 인간을 인간답게 살게 하는 바탕이 된다는 사실을 일러 준다.

윤리

의사를 비롯한 바이오테크놀로지 분야 종사자들은 과거 수십 년간 인간의 수명을 연장하는 데 크게 기여해 왔다. 특히 1953년, DNA의 이중나선 구조가 밝혀진 이래 지속적으로 추진된 '인간게놈프로젝트(Human Genome Project)'는 지난 2003년에 그 성과를 인류에 널리 알렸다. 이로 인해 속도 빠른 바이오테크놀로지의 연구 결과는 인간의 수명 연장에 실질적으로 기여하고 있으며 향후 더욱 박차를 가할 것으로 예측된다. 기술은 인공장기를 만들었고, 보다 세밀하게 맞춤형 투약을 가능하게 했으며, 보다 정교한 질환모델과 각종 동물자원의 보존책도 수립하게 만들었다. 머지 않아 지금의 의학 수준이나 약학 수준을 야만적이며 정교하지 못했다고 평가할 날이 올지도 모른다.

2012년 7월 보건복지부의 보도자료에 따르면, 광복 직전 평균수명은 남자 45세, 여자 49세였는데, 1980년에는 남자 61.8세, 여자 70세, 그리고 2010년에는 남자는 80.7세, 여자는 84.1세로 나타났다. 약 60년 가까운 시간이 흐른 지금 한국인의 평균수명은 광복 직전에 비해 거의 두 배에 가까울 만큼 급격하게 연장된 것이다.

구분	1980년	1987년	1989년	1990년	1995년	2000년	2010년
계	65.9세	69.9세	71.0세	71.4세	73.5세	76.0세	80.7세
남자	61.8세	65.8세	66.8세	67.3세	69.6세	72.3세	77.2세
여자	70.0세	74.0세	75.0세	75.5세	77.4세	79.6세	84.1세

「통계로 본 건강 보험 시행 35년」, 보건복지부 보도자료(2012.7.2.)

그러나 이러한 기대 수명의 연장은 죽음을 원치 않은 개개인에게는 축복이겠지만, 사회 전체로 보면 재앙일 수 있다. 시장 가치를 상실한 인적자원을 보호하는 무의미한 일에 사회적 자원을 소비하지 않으면 안 되기 때문이다. 바이오테크놀로지 분야 종사자들은 기술을 개발하고 의사는 기술을 제공하며 환자는 기술의 수혜자가 됨으로써 현대의 인간은 상실의 기간을 연장해 나간다.

그러나 그들의 노력이 지속될수록 우리 사회의 '공통개념'에 회복하기 어려운 상처를 줄 수 있다. 가을에 노랗게 물든 은행나뭇잎은 시각적 즐거움을 주지만 후각기관인 코를 괴롭힌다. 또 입에 쓴 약은 미각을 괴롭히지만 몸 전체의 질병을 다스린다. 이처럼 눈, 코, 입 등 '개별 감각기관'이 느끼기에는 좋거나 싫은 감각이 몸 전체의 기쁨과 유익에 반드시 일치하란 법은 없다. 어린아이가 운다고 쓴 약을 먹이지 않는 엄마를 상상할 수 없듯이 개별자의 '기쁨'에 봉사하는 일이 반드시 전체를 위한 바람직한 결과로 연결된다고 볼 수는 없다. 이것이 소위 스피노자가 『에티카』에서 말한 '공통개념'이다. 손에만 좋은 것, 눈에만 좋은 것, 입에만 좋은 것이 아니라 온몸 전체가 통합적으로 좋은 것을 추구하려는 개념이 '공통개념'이다. 이러한 개념을 개인에 한정하지 않고 사회 전체로 확대시킬 때 사회윤리의 문제가 대두된다. 이렇게 본다면 개인에게 좋은 것이 만인에게 좋지 않을 수 있고, 어떤 특정한 분야에 성실히 봉사하는 일이 사회 전체의 공리(公利)에 위배될 수도 있다. 바이오테크놀로지 종사자들과 의사 집단이 그런 경우이다. 우리는 이들을 어떤 전문가집단이라고 규정할 수 있을까. 그들은 개별개념에 봉사하는 집단일까. 아니면 공통개념에 봉사하는 집단일까. 이 문제는 답을 쉽게 얻을 수 있을 만큼 간단하지 않다.

만일 앞서 검토해 왔던 노화에 대한 두 가지 개념을 액면 그대로 받아들인다면, 이들은 의미 없는 생명의 연장을 위해 봉사하는, 즉 공통개념에 반해 개별개념에 봉사함으로써 사회학적 혼란을 부추기는 집단이라고 볼 수 있다. 이들의 학문적, 임상학적 연구 성과가 개개인 환자의 병을 치료하고 삶의 질을 높이는 데 기여하고 있다는 점을 부정할 수 없지만 노화 과정에서 쇠락해 가는 노인들에게 부질없는 희망을 안겨 주고 생명 연장술을 시행하는 일은 시장 자본주의 사회에서는 바람직하지 못한 측면도 없지 않다. 이러한 노력에 지지를 보내는 정부의 복지 제도도 이 문제로부터 자유롭지 못하다. 시장의 중심에서 벗어나 버린 인간, 형상 달성 이후의 삶을 살아가고 있는 인간들은 시장의 냉정한 논리로만 말한다면 이미 쓸모를 상실해 버렸다는 판단이 가장 합리적이기 때문이다.

그렇지만 자본주의 사회에서 인간의 물화가 극심해졌다 해도, 인간이란 결코 사물로 취급될 수 없는 생명체라는 점에 주목하면 이들은 인도주의의 수호신 역할을 하는 우리 사회의 소중한 집단이라 할 수 있다.

어떤 관점이 정답에 가까울까? 바이오테크놀로지 종사자와 의사들은 자본주의 사회에서 상품 가치를 잃어버린 잉여 인간의 노화 현상에 동참함으로써 청년 실업을 유도하여 이 사회를 무기력하게 만드는 데 일조하는 집단일까? 그렇지 않으면 팔당대교에 빠진 사람을 수질오염원으로 규정하는 냉혹한 사회에 반기를 드는 인본주의 집단일까? 어쩌면 정답은 없고 이 두 가지 관점 사이에서 길을 찾아야 할지도 모른다.

해석

자기조정시장 자본주의는 박찬일의 시가 얘기하듯 모든 인간을 물화시켜 버리고 시장의 효율만을 요구한다. 그 중심에서 벗어나는 순간 인간은 상품 가치를 잃어버리고 쓰레기처럼 분리되어 잉여 인간의 삶을 살아갈 수밖에 없다. 이것이 자본주의 사회에서의 노화 현상이다.

아리스토텔레스의 형상론은 우주 안에서 운동하고 있는 모든 대상들이 형상을 획득할 때까지만 의미 있는 존재로 인정받는다고 얘기한다. 그러므로 형상 획득 이후는 소멸의 과정에 해당하는 무의미한 운동에 불과하다. 그래서 인간의 노화는 무기력하고 무가치하다는 것이다.

그러나 보르헤스는 관점을 달리하고 있다. 인간은 죽는 존재이기 때문에 죽음을 의식하는 한, 그 의식을 지니고 있는 개인의 삶은 언제나 가치 있다고 말한다. 그러나 안타깝게도 의사들을 포함한 이 시대의 바이오테크놀로지 연구가들은 보르헤스의 관점을 버리고 '자기 논리'에 빠져 신이 내린 죽음의 결정을 연기하거나 무효화하려고 한다. 자기 논리란 연구의 내용과 성과를 논리 밖에서 다른 분야의 그것들과 냉정하게 비교 성찰하는 능력을 상실한, 즉 내부 논리에 갇혀 있는 논리를 말한다. 그래서 그들은 바이오와 나노, 사이버를 융합해 마침내 인간 변형 기술까지 손을 대고 있다. 이렇게 되면 인간이 기술을 지배할 수 있다고 믿었던 신념은 흔들리고 머지 않아 기술이 인간을 만들어 가는 시대가 다가올 것이다. 가까운 미래에 1970년대 초에 TV에서 방영되었던 리 메이저스의「육백만불의 사나이」나, 1980, 90년대의 아놀드 슈왈제네거의「터미네이터」와 같은 안드로이드가 현실적인 인간의 변형물이 될 가능성이 매우 크다.

이렇게 되면 인간의 지각 방식과 삶의 방식이 바뀌고 사회제도가 바뀌게 될 것이다. 과학과 기술은 단순한 기술이 아니고 인간성을 실현하는 데 직접적으로 관여하기 때문이다. 그러나 현재의 사회제도와 체계를 유지하려고 하는 한, 과학과 기술의 문제는 인문학적인 성찰로부터 비껴나 매우 위험한 결과를 초래할 뿐만 아니라 많은 문제를 유발할 것으로 전망된다.

이처럼 인문학적 성찰 없이, 노화 과정에 개입하는 의사들은 이 사회를 비활성시키고 삶의 의미와 가치를 퇴색시키는 일에 봉사하는 직업군에 해당한다고 거듭 말할 수 있다. 인간 수명이 늘어날수록 이러한 덧없는 일에 투입되는 사회적인 비용도 증가하리라는 사실은 불을 보듯 환하다. 의사는 그 문제의 중심에 서 있다.

의사들이라고 왜 이토록 냉엄한 사회학적 변화를 인식하지 못하랴. 그러나 신선도에서 볼 수 있듯이 어떤 인간이든 장수에 대한 염원을 지니고 있으며 그 한결같은 욕망을 거스를 의사 또한 없다. 인간을 물성화시켜 그 상품 가치를 평가하는 기계론적 자기조정시장 자본주의의 채택을 유보하고 새로운 사회체계를 확립하지 않는 한, 바이오 관련자들이나 의사들의 자기 모순적인 갈등은 구조성을 띠며 사라지지 않을 것이다. 다가오는 시대에는 개개인의 생명 연장 염원이라는 '개별 개념'과 의미 없는 노화기간 연장에 투입되는 사회적 부담을 최소화하려는 '공통개념' 사이에서 서성이는 의사들을 더 많이 목격하게 될 것이다.

이제 그들에게는 인간 기술을 향상시키는 능력으로서의 인문 기술(Humanistic Technology)이 아니라, 과학과 기술에 대한 인문학적 성찰을 요구하는 기술인문학(Humanities of Technology)적 시각이 새롭게 요구된다. 이렇게 본다면, 늙어 가는 노인들 집단은 이 시대 젊은이들이 의미 없이 부양하고 떠받들어야 하는 골치 아픈 집단이라기보다 의사와 연구가들에게 오히려 거대한 기술인문학의 체험장이자 학습장이 될 가능성이 크다.

정책

가 보지 않은 길은 언제나 불안이 뒤따른다. 그러므로 안정된 사회는 보수적 성향을 띠게 마련이다. 지켜야 할 것들이 많기 때문이다. 그러나 지금 우리는 우리 사회가 한 번도 가 보지 않은 길을 가려 하고 있다. 한반도 역사 이래 지금처럼 노령 인구가 전체 인구비를 잠식해 들어가는 경험은 처음이다. 그래서 이 시대 우리나라 노인들은 실험실의 청개구리처럼 거대한 실험군이라 말하지 않을 수 없다. 과거 우리나라 여인들은 비교적 다산했음에도 불구하고, 질병을 비롯한 여러 이유로 자녀들을 무병무탈하게 길러 내지 못했다. 성년이 되어도 건강을 지키지 못해 많은 사람들이 이른 나이에 죽었다. 이러한 연유로 지금은 하지 않아도 좋을 백일잔치나 돌잔치, 환갑과 진갑, 고희 등의 통과의례

「일월오악도(日月五嶽圖)」, 작자 미상, 17세기 중엽
해와 달은 음양을 나타내며 구체적으로는 왕과 왕비를 상징한다. 해를 포함하여 이 병풍 안에 그려져 있는 그림의 소재는 모두 장수를 상징하는 십장생이다.

가 진화된 고등동물의 흔적 기관처럼 남아 있다. 이러한 통과의례를 뒤집어 해석해 보면, 백일이나 돌을 넘겨 살아남은 아기가 드물었고 환갑이나 진갑을 맞을 만큼 수복(壽福)을 누린 사람들이 적었다는 뜻이다. 열 가지 장수를 상징하는 동식물과 사물들로 그려진 십장생도가 왕조의 최고 통치자의 배경화로 남아 있음은 단명한 시대의 장수에 대한 염원이 어느 정도였는가를 짐작케 해 주는 좋은 단서다.

수명이 짧았던 시절에 나이 많은 노인들은 희귀한 가치가 있었고 정보자로서의 가치도 있었으며 지혜자로 존경받기도 했다. 그러나 지금은 상황이 달라졌다. 6·25 전쟁의 폐허를 딛고 산업화 과정을 거치면서 선진국의 의료 체계를 도입하고 병리학과 임상 기술이 성과를 거두었다. 그 결과 기대 수명이 가파르게 높아졌다. 앞서 제시한 통계표는 이제 노인군의 급격한 증가가 거스를 수 없는 추세임을 증명한다. 불과 1세기 전만 하더라도 오복(五福) 중 으뜸의 복으로 여겼던 장수에 대한 염원이 현실이 되었지만, 불행하게도 장수가 복이 아닐 수도 있다는 충격적인 사실 앞에 마주 서 있는 것이다.

시장에서 밀려난 상품은 폐기하면 되고 형상을 상실한 대상은 다시 분쇄기에 넣어 질료로 환원시키면 되겠지만 노인은 상품이나 단순한 질료를 입은 형상이 아니라 생명을 가진 인간이기 때문에 문제가 된다. 그러므로 지금까지 말해 온 내용처럼, 노인의 문제는 사회학이나 생물학적인 측면에서의 상실과 인문학적 측면에서의 인간 가치 사이의 어느 지점엔가 위치하고 있음에 틀림없다.

인류는 지금까지 언제나 문제의 지점에서 해결의 실마리 또한 캐내

왔다. 그러므로 노인 문제에 관한 정책도 인간 가치와 경제 가치를 이항(二項)으로 하는 범위의 어느 지점에 주목해야만 한다.

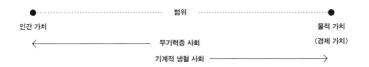

그림처럼 정책의 시행점이 왼편으로 기울면 인간 가치는 증대되겠지만, 전체 사회가 비생산적인 부분에 지나치게 에너지를 집중하여 무기력증에 빠질 것이다. 반면 오른편으로 기울면, 즉 사회학이나 생물학적인 측면을 강조하면 사회가 거대한 기계처럼 체온을 잃어갈 터이므로, 정책이 자리 잡아야 할 위치는 폭이 매우 좁은 지점으로 한정될 것이 분명하다. 정치가들이나 종교지도자들은 이러한 난제를 해결하기 위해 동분서주한다.

그러나 이에 대한 해결의 전망은 결코 밝지 않다. 그것은 지식이나 시스템이 없거나 이러한 문제 해결에 투입할 재화의 문제라기보다 역설적으로 인간의 욕망이 인간의 문제를 해결의 반대 방향으로 증폭시키기 때문이다.

우리가 살고 있는 세상에서 인간을 욕망의 주체로 인식하고 이를 크게 둘로 나누면 흔히 '먹는 자'와 '먹히는 자'로 이분된다. 이러한 척도는 사회에서 발생하는 모든 문제에 대입시킬 수 있다. 전쟁의 문제에서는 직업군인과 군수사업가가 먹는 자가 되고 식량의 문제에서는 메이저 곡물 회사가 식량 수급을 좌지우지하면서 먹는 자의 위치를 차지한다. 종교계에서 신도들은 먹히는 자이며 종교지도자들은 언제나 먹는 자의 자리를 지킨다. 경제인들은 기업 가치에 순응하는 말 잘 듣는 노동자를 확보하기 위해 임금 수준을 조절하면서 먹는 자의 자리에 서기 위해 고도의 경영 전략을 구사한다. 그렇다면 모든 분야에서 정치력을 구사하는 정치가는 어느 편에 설까? 그들은 먹는 자일까 먹히는 자일까? 그들은 대중에게 먹히는 자가 아니라 대중을 먹고사는 집단에 속한다. 현대사회에서 정치가 실종되면 사회가 유지되기 힘들지만 정치가 때문에 사회가 바르게 진화하지 못하는 경우도 있다. 정치가를 국회나 행정부에서 일하는 사람으로 반드시 한정할 필요는 없다. 어느 분야에서나 정책을 입안하고 추진하는 곳에는 정치의 속성이 스며들게 되고 주체자로서의 정치가가 있게 된다.

노인 문제에 국한해서 말한다면, 장수에 대한 욕망을 부추기고 그로부터 재화를 획득하려는 바이오 연구가들이나 의사, 약사 집단, 노인과 젊은이들이 세대 갈등이 있는 것처럼 선거 전략을 짜면서 득표를 저울질하는 정치가들과 이들과 공생하는 언론인들, 행복한 노후 생활을 핑크빛으로 채색하는 복지정책 입안자들이 언제나 먹는 자의 자리에 선다. 그들은 기대 수명 연장이 개별 노인들에게 어떤 결과를 안겨 줄 것인가에는 관심이 없으며 세대간의 갈등이 전선(戰線)으로 굳어지는 사회적 구조에 대해서 선거가 끝나고 나면 관심을 갖지도 않는다. 그리고 맞춤형 복지가 마침내 어떻게 가족과 공동체를 해체해서 전 국민을 원자화(atomization)하는가에도 관심이 없다. 그들은 다음 세대를 위한 긴 안목의 정책에서는 지지와 표가 나오지 않는다는 사실을 누구보다 잘 알고 있는 영악한 집단이며, 오직 "우선 먹기는 곶감이 달다."라는 사실에만 주의를 기울이는 집단이다.

사회 각 분야의 정책 입안자들은 우리 사회가 어떻게 진화해 나가야 하는지 누구보다 잘 아는 사람들이다. 그러나 그들 중엔 지속 가능하고 진정성 있는 정책을 추진하는 일은 먹는 자의 입장을 스스로 버린다는 뜻이고 권력에 가까이 나아갈 수 있는 입지를 스스로 허무는 일이라고 여기는 사람들이 꽤 많다.

그런 이들이 국내총생산의 약 9퍼센트 정도에 해당하는 막대한 복지 비용을 가정이나 소규모 공동체 육성에 투자하지 않고 각종 시설을 통해 개인에게 투입한다. 최근에는 정책이 다소 달라졌지만 한때는 영유아도 집에서 보육하지 않고 시설에 보내야 정부나 지자체의 보조금을 받을 수 있었다. 지금도 집에서 유아를 양육하는 경우보다 어린이집에 보내면 실질적으로 더 많은 혜택을 받는다. 노인들도 집에서 요양을 하면 통원비와 약값을 제외한 요양에 필요한 부대비용을 지원 받지 못한다. 말하자면 젊은 사람들의 입장에서는 효도를 하면 할수록 경제성을 상실한다. 반드시 병원이든 요양원이든 시설을 이용해야 하고 그래야만 증세와 처방에 대해 건강보험심사평가원의 심사를 받아 건강보험의 혜택을 받을 수 있다. 그러므로 몸이 조금만 불편해도 집을 떠나 병원을 비롯한 여타의 시설을 찾지 않을 수 없다. 2012년 2월 2일자 중앙일보는 "한 해 100번 넘게 병원 간 환자"가 대략 52만 명에 달한다고 보도했다. 심지어 일부 정치인들은 마침내 '맞춤형 복지'라는 슬로건을 내세우고 노인들을 꿈의 세계로 인도한다. 자기가 낳아 기른 자녀에게

도 하기 힘든 '맞춤형 돌봄'이 어떻게 정치가들의 손길로 가능하게 될까? 보건복지법을 모든 수혜자의 숫자만큼 만들지 않으면 맞춤형 복지는 가능하지 않다. 왜냐하면 법치주의 국가에서는 단 한 푼의 돈이라도 법령에 의존하지 않고 복지사들의 개인적인 판단이나 인정으로 지급할 수 있는 재량이 그들에게 주어지지 않기 때문이다.

결국 지금과 같은 정치가들의 레토릭으로 이루어진 복지는, 그것이 정치가들의 본의든 아니든 상관없이, 또 영유아든 노인이든 상관없이 가족 구성원 모두와 가정을 붕괴시키고 공동체를 황폐화시키는 방향으로 진행되고 있다.

노인 복지라는 좁은 칸막이를 떠나 보다 큰 그림의 복지, 이를테면 국민 행복을 위해 시행되는 정책 일반을 조망해 보면 문제는 보다 심각해진다. 결혼 비용과 자녀 양육비 및 교육비, 그리고 정글의 법칙만 지배하는 무한 경쟁사회와 학교폭력, 입시제도를 두려워한 젊은이들은 결혼을 기피하고 자녀 낳기를 회피한다. 자녀를 낳아 성공적으로 기를 자신이 도저히 없기 때문이다. 싱글족은 점점 늘어나고 전국 네 집 중 하나는 1인 가구다. 또 젊은 층을 대변하는 25세부터 34세 사이의 자가주택 소유 비율은 겨우 10.2퍼센트에 불과하다. 나머지는 전세거나 월세라는 이야기다. 그렇다고 토지를 소유하고 있는 것도 아니다. 아이도 없다. 그러므로 국가가 위기에 처하게 되면 이들로부터 국토를 방위하고 민족을 지킬 애국심을 기대할 수 없게 된다. 그들은 언제든지 여권을 가지고 우리나라를 떠날 가능태의 인구라는 사실에 주목해야 한다. '한국의 기업'이라는 겉옷만 걸치고 있는 일부 다국적 대기업들도

구름 위에 있는 한국 기업일 뿐, 자본을 쥐고 언제든지 해외에 둥지를 틀 가능성이 매우 크다.

따라서 거시 복지정책은 영유아든 젊은이든 노인이든 그들이 원자화되지 않도록, 즉 성분을 지닌 분자로 묶어 내려는 방향성을 띠고 수립되어야 한다. 그렇지 않으면 원자화된 국가 구성원들은 언제 어디로 튈지 모르는 휘발성 높은 유증기와 같은 성질을 띤 개인으로 남을 가능성이 매우 크다.

노인 복지도 그러한 큰 그림 속에서 정책이 수립되어야 한다. 지금처럼 노인들을 탑골공원이나 종묘시민공원으로, 각 지자체에서 운영하는 복지센터로 끌어내지 말고 가정과 작은 단위 공동체의 일원으로 복귀시키는 방향으로 정책이 전환될 필요가 있다. 지금과 같은 복지제도를 고집하면 할수록 자기조정 시장 자본주의는 인간을 더더욱 물화시키고 시장의 효율성만을 강화시켜 나갈 것이다. 정부나 지자체에서의 복지는 1차 집단의 관계에서 이루어지는 체온이 있는 복지가 아니라 결국 돈이 매개된 복지이기 때문이다. 지금의 복지제도는 자녀와 노년의 부모 사이를 가족의 의식으로 연대할 수 있도록 돕는 것이 아니라, 이 둘 사이를 재정(財政)이 매개하는 형식을 채택하고 있다. 풀어 말하자면 자녀의 체온이 스며들 공간을 제거하면서 실상 그 환자가 앓고 있는 질병의 증세와 그 처방에 직접 지원을 하는 방식을 채택하고 있는 것이다. 이 경우, 인간은 복지의 중심에서 벗어나고 오히려 질병과 사건이 그 중심을 차지할 가능성이 크다. 실제로 요양병원에 가 보면 주인과 처방이 서로 잘못된 자리 잡기를 하고 있는 상황을 쉽게 목격할 수 있다. 국가나 지자체의 복지 지원은 단지 입원 환자가 살아 있다는 사실에 비용을 투입한다. 환자를 단순히 '살아 있는 물질 덩어리'라는 관점에 바탕을 두고 시료 비용을 투입하는데 여기에는 환자의 인격권과 아무런 상관관계가 없다. 실제로 환자 자신이 의식이 없어서 어떤 결정권도 스스로 행사할 수 없는 경우가 대부분이다. 만일 증세나 처방에 지원하지 않고 환자나 보호자인 배우자, 혹은 부양하는 자녀에게 현행과 같은 규모의 복지 비용을 지원한다면, 환자나 보호자들은 질병을 다스리는 주체의 자리를 이내 회복할 수 있을 것이다. 극단적으로 표현하자면, 정부나 지자체는 환자 자신이 자기 질병을 다스리면서 스스로 죽음에 대해 자기결정권을 가질 수 있도록 주체자의 자리를 확보해 나가는 데 도움을 주어야 한다는 것이다.

인간은 근본부터 소외되고 고독한 존재다. 따라서 이불처럼 따뜻한 사회가 필요하다. 노화 과정에 있는 황혼기의 노인들에게는 더욱 그러하다. 그러나 이 시대의 노인들은 현행의 복지제도가 심화되면 될수록 더욱 소외된 존재로 전락할 가능성이 크다. 그러므로 죽음 의식을 지니고 있는 개인의 삶은 언제나 가치 있다는 보르헤스적인 관점을 깊이 고려할 필요가 있다. 비록 노인들이 시장의 중심에서 벗어나 잉여 인간의 군집에 어쩔 수 없이 속했다 할지라도 생명을 지니고 있는 한 존엄성을 지켜나가고 주체권을 회복할 수 있도록 국가나 지자체는 실질적인 도움을 주어야 한다.

여기에 대한 정책적 대안은 질병 그 자체에 비용을 투입하는 것이 아니라, 가정과 가족의 회복, 작은 공동체의 회복에 투자하는 길뿐이다.

1부

노인, 그들은 누구인가

인간은 동식물이나 사물과는 달리 주체와 객체가 항상 명확하게 분리되는 존재가 아니다. 우리는 누구나 임산부가 될 수 있고, 불의의 사고로 장애인이 될 수도 있으며, 시간이 흘러 자본주의 시장의 중심으로부터 벗어나 교환 가치가 떨어진 노인이 될 수 있다. 말하자면 모두가 장애인이나 노약자가 될 수 있는 잠재적 존재라는 것이다.

1

버림과 버려짐

이 시대 노인들에게 전통적인 가족제도의 붕괴는 너무나 충격적인 현상이라 하지 않을 수 없다. 불과 3, 40년 전만 하더라도 가정은 어떤 문제도 능히 녹여 내는 삶의 용광로요, 포용력 있는 보금자리였다. 가족은 구성원이 지닌 삶의 어려움과 불편함을 용해시켜 주었다. 타인에게 비난받아 마땅한 일을 해도 서로를 지지해 주고 성원해 주며 다시 용기를 내 살아갈 수 있도록 힘을 실어 주는 에너지의 원천이었다.

납부금을 내지 못한 자녀가 선생에게 강제 귀가 조치를 당했을 때, 대학 입시에 낙방한 자녀가 처진 어깨로 대문을 들어설 때, 상사인 남편이 부하 직원의 실수로 징계를 받았을 때, 남편이 오랜 외도 끝에 늙고 병든 채 돌아왔을 때, 늙은 부모가 중풍이나 치매로 쓰러졌을 때, 야반도주를 한 계주 탓에 부인이 몸져누웠을 때……. 가족 구성원이 언제나 다시 일어나고 치유받을 수 있었던 까닭은 국가도 지자체도 아닌 바로 가정이 주는 끈끈한 사랑 때문이었다.

그러나 『한국무속사상연구』를 쓴 김인회는 한국인이 지녀 온 전통적인 무속사상이 가족제도에 끼친 부정적인 영향을 지적했다. 특히 그는 가족 구성원들이 자연스레 지닐 수밖에 없는 1차 집단성에 주목했는데, 거기에는 혈연이나 지연의 범위를 초월하여 거시적으로 미래를 전망하는 역사 의식을 약화시키고 1차 집단 중심의 파벌주의를 낳게 하는 '미분화성'이 부정적 요소로 깃들어 있다는 것이다. 말하자면 한 개인은 가족구성원에만 머물러서는 안 되고 국가적이고 민족적이며 범세계적 존재로서의 위상 또한 지녀야 할 터인데, 스스로를 단순히 가족이나 친인척의 연계망 안으로만 가두어 두는 부정적 한계를 지니고 있다는 것이다. 이처럼 가족과 같은 1차 집단이 보편적인 존재로 분화되지 못하는 부정적 한계를 그는 '미분화성'이라고 했다.

이를테면 또래집단에서의 실수는 너그럽게 용서하지만 타인의 실수는 용서하지 않는 이중의 척도에서 이러한 미분화성을 발견할 수 있다. 지하철에서 큰 소리로 전화를 주고받는 행위, 산에서 내려올 때 바위 틈에 쓰레기를 몰래 버리는 행위, 금연구역에서 흡연을 하는 행위 등은 또래집단 사이에서는 '사람 사는 동네'에서 흔히 일어날 수 있는 일로 치부된다. 그러나 다른 사람에게는 결코 너그럽지 않다. 이처럼 똑같은 행위에 대해 두 개의 척도를 가지고 용서와 처벌을 달리하는 것, 바로 이것이 그들의 의식이 분화되지 않았다는 의미다.

1992년 14대 대선이 불과 며칠 남지 않은 12월, 부산의 초원복집에서 이루어진 정치인 모임에서 "우리가 남이가"라는 말이 나왔다. 이 촌철살인의 말은 한국사회가 얼마나 혈연과 지연, 학연으로 결속된 집단인지를 보여 주는 단적인 예다. 김인회는 한국의 가족제도가 이렇게 야누스 같은 두 얼굴을 가지고 있다는 점을 지적했다. 가족과 혈연과 지연으로 묶이는 1차 집단은 모든 문제를 포용하고 현실을 긍정하며 개인을 고독하게 만들지 않는 장점을 가지는 한편, 사회적으로 분화되지 않은 부정적인 측면을 지닌다는 것이다. 한국인들은 이러한 무속적 미분화성에 상당히 물들어 있다고 볼 수 있는데, 이런 미분화성을 직접적이고 구체적으로 지적하고 미분화성이 수정되기를 기대할 수 있는 종교적 교리 중 기독교 복음서가 있다.

어느 날 예수가 예루살렘의 율법학자들과 토론을 하고 있을 때, 한 사람이 예수의 어머니와 형제들이 토론장 밖에서 예수를 찾는다고 전했다. 그때 예수는 다음과 같이 말했다.

누가 내 어머니며 내 동생들이냐? 누구든지 하늘에 계신 내 아버지의 뜻대로 행하는 자가 내 형제요 자매요 어머니이니라.
　　—「마태복음」 12장 46-50절, 「마가복음」 3장 31-35절, 「누가복음」 8장 19-21절

한국적 가족제도에 익숙한 우리에게는 복음서에 기록된 이 내용이 당혹스럽게 다가올지도 모른다. 인류를 구원하러 온 예수가 어떻게 당신의 모친과 형제들을 향해 "누가 내 어머니며 내 동생들이냐."라고 여러 사람 앞에서 매몰차게 되물을 수가 있었을까?

「요한복음」 2장에도 이와 비슷한 일화가 있다. 예수가 공생애를 시작하면서 어느 날 혼인 잔치 집에 들렀을 때의 일화다. 때마침 잔치에 필요한 포도주가 떨어졌을 때 예수의 어머니 마리아가 예수에게 이 사실을 말하고 어떻게 하면 좋겠는가를 묻자 그는 "여자여, (포도주가 떨어진 사건이) 나와 무슨 상관이 있나이까."라고 되물었다. 그러면서도 예수는 여섯 동이에 가득한 물을 맛있는 포도주로 만드는 기적을 행했다. 예수는 어떻게 자신의 어머니에게 '여자여'라고 부를 수 있었을까?

이 두 일화에서 예수는 혈연과 지연을 떠나 각자가 분화된 역할 분담자가 되지 않는다면 이 땅에 공평과 정의의 나라를 세우기 어렵다는 점을 강조하고 있다. 공평하고 정의로운 나라를 세우는 데 걸림돌이 된다면 어머니와 동생들과의 1차 집단의 관계를 과감히 끊어 내겠다는 결연함마저 느껴진다.

그런데 그토록 단단해 보였던 1차 집단의 기본 조직인 가정(household)이 이제 한국 사회에서 무너지고 있다. 신자유주의 시장경제 체제에 기반한 자본주의 이데올로기 때문일까, 무리하게 추진된 산아 제한 캠페인의 결과일까, 그것도 아니면 매체 기술의 발달에 기인한 것일까. 혹은 기독교의 종교적 교리가 끼친 문화적 바이러스의 확산 때문일까. 꼬집어 말할 수 없다면 이 모든 요인이 복합된 것일까. 그 중 가장 직접적인 원인은 1994년 우루과이라운드 협상 타결과 함께 도입된 '세계화 전략' 때문이 아닌가 싶다. 세계화 전략은 우리에게 뜻하지 않은 국부를 가져다주기도 했지만, 그것은 겉으로 드러난 일부의 성과일 뿐 우리는 눈에 보이지 않은 소중한 것들 대부분을 잃어버리게 만들었다. 세계화 전략과 함께 도입된 신자유주의 사상은 시장에서 살아남기 위한 무한 경쟁을 부추겼다. 국가와 개인의 경쟁력은 어느 때보다 강화되었지만 남은 것은 '나'를 제외한 모든 이웃을 반드시 극복하고 이겨야 할 '남'으로 규정하게 함으로써 지금까지 서로를 보듬고 안아 왔던 인정(人情)의 사회를 파쇄해 버렸다. 말하자면 돈은 쥐게 되었지만 그 돈을 의미 있게 사용할 대상을 잃어버렸다는 것이다. 결과적으로 우리는 돈을 쥔 '개인'일 뿐 '우리'를 잃어버렸다.

2011년 7월, 통계청이 발표한 '2010 인구주택총조사 가구·주택 전수집계' 결과에 따르면 1인 가구가 전체의 23.9퍼센트를 차지했다. 1인 가구는 2인 가구 420만 5000가구(24.3퍼센트) 뒤를 바짝 쫓고 있으며, 4인 가구 389만 8000가구(22.5퍼센트)보다 오히려 높게 나타났다. 4인 가구가 428만 9000가구(27퍼센트)로 가장 많았던 2005년의 통계에 비하면 최근 5년 사이에 한국의 가정이 매우 빠른 속도로 붕괴되어 가고 있음을 시사하는 물리적 지표다. 자녀가 없는 젊은 부부나 자녀를 모두 출가시킨 노부부 가정으로 짐작되는 2인 가구와 나 홀로 가구를 합치면 전 가구 수의 절반에 육박할 정도이다.(우리나라 총 가구 수(2010.11.1.)는 1757만 4000가구다.)

이 통계 수치는 가족 구성원이 처한 어려움과 불편함, 좌절과 실망을 보듬어 주는 요람이었던 가정의 붕괴 현상을 여과 없이 보여 준다. 과거, 가족에 의해 해결이 가능했던 문제들이 이제는 가족의 품을 떠나 국가적인 문제로 급속하게 탈바꿈되고 있다. 2011년 여름, 서울시에서 실시한 무상급식에 대한 찬반 주민투표는, '우리 아이의 점심 도시락'

이 이제 더 이상 가족이 해결해야 할 개별적 문제가 아니라 국가나 지자체가 고민해야 할 문제가 되었음을 시사한다. 자연재해로 집이 부서지거나 농수산물에 피해가 생겼을 때, 직장에서 해고되었을 때, 아기를 낳고 양육할 때, 학교에 입학했으나 학비를 미처 마련하지 못해 고민할 때, 뜻하지 않았던 사고를 당해 사망했을 때……. 이런 일들을 "가난 구제는 나라님도 못한다."라는 말로 위로하고 받아들이며 고통을 분담해 왔던 가정은 이제 불가역적 붕괴 현상을 향해 치닫고 있다. 지금처럼 사회 구성 단위가 원자화(atomization)되어 간다면, 이제 국가는 요람에서 무덤에 이르기까지 개인의 모든 문제를 떠안아야 할 상황에 이르게 될지도 모른다. 지금과 같은 자본주의 체제를 유지하는 한, 국가 재정은 점점 늘어나야 할 것이며 개인은 재정 부담을 위해 자신의 소득 대부분을 국가에게 헌납해야 할지도 모른다. 역설적인 표현 같지만, 이 말은 우리 사회가 결국 자본주의의 종말에서 극단적인 사회주의 체제와 조우하게 될 가능성까지 점치게 한다. 그러나 재산의 공유제로 계급 없는 평등 사회를 구현하려는 이상적인 정치 실현체의 공산주의는 1989년에 소비에트연방을 시작으로 그 체제가 이미 해체되고 말았다. 그리고 지금은 과도한 복지 문제에 힘겨워하는 그리스와 이탈리아, 스페인 등 일부 유로존 국가들의 채무불이행이 실현될 가능성이 높다.

만일 우리 사회의 궁극적 목표가 사회주의 체제로의 전환이 아니라면, 가정과 가족의 틀이 깨져 파편화된 개인의 수를 줄여나가는 방안을 세워야 하지 않을까? 모든 국민이 원자화되어 갈수록 그 원자들로 구성된 국가는 그 구성원들의 모든 욕구를 맞춤형(personalized)으로 채워 주는 거의 불가능에 가까운 일을 시도해야만 하기 때문이다. 이런 관점에서 보면 소위 '찾아가는 복지'라는 캐치플레이즈는 얼마나 허황된 정치적 레토릭인지 알 수 있다. 정부의 재정은 '요구된 복지'를 언제나 수용하기조차 벅차다. 가족제도를 활성화하면 국가는 세대 관리를 위한 관리사무소 역할만 해도 좋을 텐데, 왜 젖먹이 한 명 한 명을 상대로 하는 보육원의 보모와 같은 역할을 자처하려 애쓰는 것일까. 신자유주의 시장경제 체제를 유지하기 위해서는 가족의 해체라는 부작용은 감내할 수밖에 없다는 것일까.

이 시대 노인의 문제는 바로 이러한 세태에서 파생되는 문제를 조명해 볼 수 있는 좋은 사례에 해당한다. 신자유주의 시장경제 체제에서 개인이 어떻게 소외되어 시장의 외곽으로 밀려나는가를 극명하게 보여 줄 수 있는 대상이 바로 노인들이기 때문이다.

자본주의 시장의 중심으로부터 벗어나 있는 노인들은 상품 가치성을 잃어버리고 경쟁의 뒤안길을 서성인다. 실제로 전철을 타고 종로3가역에 내리면 이런 현상을 더욱 선명하게 체험할 수 있다. 1호선과 3호선, 5호선의 교차점이며 탑골공원과 종묘시민공원의 중심점에 위치하는 종로3가 역의 계단 이곳저곳에는 노인들이 제비처럼 옹기종기 앉아 있다. 집을 나섰지만 갈 곳이 없는 사람들이다.

기초노령연금제, 기초생활보장제, 보건복지부의 7개월짜리 일자리 개발지원, 전철 이용 요금의 무료화와 노약자석 지정, 고궁 입장료 면제 등 노년층을 위한 각종 복지제도는 무지개 빛처럼 호화롭지만, 이러한 제도들은 실효를 상실하고 오히려 삶의 현장에서 노인들을 몰아내는 역기능을 한다. 매달 9만 2000원의 노령연금, 7개월을 기한으로 매달 20만 원씩 지급하는 일자리 창출 프로그램, 노년층과 젊은층으로 분리된 승차 공간, 학습 효과보다는 시간 죽이기를 위해 배려된 고궁의 무료 개방 등은 겉보기에는 노년층을 우대하는 듯한 당의(糖衣)를 입고 있지만, 이러한 사회제도는 노인들이 얼마나 쓸모없는 존재인지를 여러 측면에서 확인하는 제도에 불과하다. 실제로는 그들을 쓸모없는 인간군으로 분리함으로써 노인들의 자존심을 더욱 철저하게 짓밟는 것이다. 이렇게 낱낱으로 쪼개진 배려는 우리의 전통적인 가족제도 안에는 일찍이 없었던 체온 없는 방식이다. 이러한 사회제도는 결국 시장 속에서 소외된 존재인 노인들을 소리 없이 버리는 방식이기도 하다.

사회로부터 유기되어 가는 노인들의 모습은 후카자와 시치로가 쓴 「나라야마부시코」를 떠오르게 한다. 1956년 일본 제1회 중앙공론사 공모에서 신인상을 수상한 이 작품은 두 번 영화화되었고 텔레비전 드라마로 방영되기도 했다. 나라야마(楢山)는 산 이름이고 부시(節)는 우리말로 '달타령', '새타령' 같은 '타령'에 해당한다. 이 작품은 우리나라의 고려장에 준하는 기로풍습(棄老風習)을 소재로 삼고 있다.

산으로 둘러싸인 신슈(지금의 나가노)라는 작은 마을. 이곳에서는 노인이 70세가 되면 살아 있는 채로 나라야마에 버리는 풍습이 있었다. 마을 사람들은 이것을 잔인한 악습이라기보다 반드시 지켜야 할 규약처럼 받아들이며 살아가고 있다. 특히 버려지는 날 눈이 내리면 버려진 노인은 가장 축복 받는 주인공이 된다는 전설까지 있을 정도였다. 눈 내리는 어느 겨울날, 주인공 다츠헤이는 69세가 된 어머니를 산에 버

「나리야마부시코(楢山節考)」 영화의 한 장면

어머니 오린은 집에서부터 싸온 도시락을 아들 다츠헤이에게 주면서 어서 산을 내려가라고 재촉한다. 그녀는 남은 가족들에게 짐이 되지 않기 위해 스스로 택한 자신의 결심을 단호하게 지킨다. 아들은 산을 내려오면서, 더 살고 싶다는 아버지를 새끼줄로 묶어 계곡 아래로 떠밀어 죽이는 친구를 목격하며 참담해한다.

려야만 했다. 축복 아닌 축복을 위해 마을에서는 버려질 어머니와 그를 등에 지고 산에 오를 아들을 위해 술을 마시는 통과의례를 치른다. 마을 사람들은 모자에게 산에 오르내리는 도중 뒤를 돌아보아서는 안 되고 말을 일체 해서도 안 된다는 규약을 지키라고 거듭 당부한다. 그렇지만 효자인 다츠헤이는 자신의 손으로 어머니를 버려야 할 시간이 다가오자 말할 수 없는 심리적 갈등 속에 놓인다. 그는 30년 전에 할머니

를 버리지 않으려고 마을을 떠난 자신의 아버지가 어쩌면 옳은 판단을
한 것이 아닌가 생각한다. 그가 나라야마의 정상에 부모를 버리고 산으
로부터 내려와 집에 도착하자 아들이 부르는 타령(節)이 들려온다.

"할머니는 운이 좋아. 눈 오는 날 나라야마에 갔다네……."

다츠헤이의 아들이 부른 이 타령은 이 시대 우리에게 새로운 번안물
이 될 수 있다.

"할아버지, 할머니들은 좋겠네. 달동네까지 도시락 배달도 해 주고
노령연금도 지급받고 전철, 고궁 입장도 공짜고 전철이나 버스 타면 경
로석도 있고……."

2

광인들의 배

미셀 푸코가 쓴 『광기의 역사』의 1장 마지막 페이지에는 히에로니무스 보슈의 「광인들의 배」라는 그림이 실려 있다.

보슈의 작품이 대개 그렇듯이 이 그림 역시 도상학적 해석이 쉽지 않은 작품들이다. 그는 르네상스의 절정기인 15세기 말에 활동했지만 당대의 화가들이었던 라파엘로나 레오나르도 다 빈치, 미켈란젤로와는 확연하게 다른 화풍을 지녔다. 그래서 그에게는 르네상스 시대의 '외딴 섬'이라는 별칭이 붙어 있다.

이어지는 세 작품에서 볼 수 있듯이 보슈는 표현 대상 하나하나를 매우 충실하게 재현하고 있지만 화면 전체는 마치 샤갈의 환상과 프랜시스 베이컨의 괴기함을 섞어 놓은 것 같은 인상을 준다. 특유하게 느껴지는 그의 상상력은 우리를 묘한 호기심의 세계로 이끈다. 그의 작품

왼 쪽 「광인들의 배(The Ship of Fools)」, 히에로니무스 보슈, 1490-1500, 루브르 박물관
오른쪽 「쾌락의 정원(Triptych of Garden of Earthly Delights) 중 지옥, 히에로니무스 보슈, 1500-1505, 프라도 미술관

「바보의 수술(The Cure of Folly)」, 히에로니무스 보슈, 1475-1480, 프라도 미술관

중에는 세상의 종말을 보는 듯 기괴하고 혐오스러우며 추악한 폭력이 난무하는 그림도 있다.

「광인들의 배」 역시 마찬가지다. 열두 명의 인물들이 승선한 배 안은 제목처럼 불안한 징후들로 가득하다. 중앙의 만돌린을 든 수녀와 맞은편의 수도사가 그림의 주인공처럼 보이지만, 이들은 나머지 인물들을 하나의 질서로 묶어 내지 못하고 그들만의 세계에 고립된 듯 보인다. 돛대 끝에서 과일을 따는 사람, 그러한 행위를 큰 소리로 고발하는 사람, 그 소리에 아랑곳하지 않고 나뭇가지 위에서 물을 마시는 사람, 바다에서 물을 떠 바치는 사람……. 작가는 그림에 등장하는 인물들로부터 한 배를 타고 있다는 물리적 조건 외에 각자를 강제할 모든 장치를 배제함으로써 그림을 불안정하게 보이도록 만들었다. 한마디로 '불안'과 '공포'를 그렸다고 말할 수 있다.

푸코에 따르면 르네상스 시대에는 광인들을 한 곳에 수용하지 않고 일정 기간 배에 태워 이곳저곳 항해를 시켰다고 한다. 말하자면 '광인들의 배'는 '정상인'들의 거주지 정화를 위해 이들을 분리해 유배시키기 위한 수단이었던 셈이다. 그는 『광기의 역사』에서 이성적 사고가 중심이 된 사회, 소위 이성이라는 등불이 밝게 비추는 사회로부터 광인들이 어떻게 격리되고 추방되었는가를 계보학적이고 고고학적인 독특한 접근 방식을 통해 기술했다. 그에게 있어서 계보학 접근이란 시간의 띠 위에서 발생한 사건들이 어떠한 원인과 결과의 끈으로 묶여 있는가를 살피는 일이고, 고고학적 접근이란 마치 단층에서 각각의 유물들을 발굴해 내는 작업처럼 시대를 달리한 사건들을 역사적 해석을 위해 꺼내 묶는 일이다. 중요한 점은 푸코가 '광기'를 병으로 보지 않았다는 사실이다.

    푸코는, 광기란 다만 이성 중심의 문화가 받아들일 수 없는 인간적 인식과 특성의 한 요소일 뿐 결코 병이 아니라고 주장했다.『광기의 역사』는 이성 중심의 사회가 어떤 방식으로 광인들을 병든 자(the sick)로 규정하면서 정상인의 사회에서 배제시키거나 격리·수용시키려 해 왔는지를 역사적 궤적을 통해 추적한 책이다. 푸코는 17세기 중엽 파리의 거대한 수용 시설(대감호, Le Grand Renfermement)과 18세기 중엽부터 이들을 치료 대상으로 삼아 격리시키기 위해 만든 근대 병원의 운영 실태를 살핀다. 이를 통해 광인들이 어떤 방식으로 비판적 대상이 되어 가는지, 또 그 광인들이 어떻게 해서 인간적인 결함을 가진 대상으로 분류되고 규정되어 이러한 시설의 수용자가 되었는지를 그리고 있다. 그러므로 그는 광인들을, 이성의 파생물이라고 할 수 있는 이미지와 환각, 꿈이 만들어 낸 결과물이라고 보았다. 말하자면 이성을 지닌 자의 오만과 몽상이 광인이라는 집단을 만들어 냈다는 것이다.

푸코의 주장에 따라 보슈의 그림을 다시 보면 도치(倒置)된 우리의 인식과 마주하게 된다. 이 그림을 그린 화가 보슈는 광인이었을까, 정상인이었을까? 만일 보슈의 배에서 르네상스 시대의 광인을 보았다면 우리는 보슈가 이성 중심의 사고를 가진 화가였음을 인정하지 않을 수 없다. 왜냐하면 미친 사람을 그릴 수 있는 화가란 정상적인 관찰자가 되지 않으면 안 될 것이기 때문이다. 그러나 반쯤 미치지 않고서 어떻게 이러한 상상력의 극한을 묘사할 수 있을까. 말하자면 화가가 디오니소스적인 파토스(pathos)의 상태에서 「광인들의 배」와 같은 작품을 그렸다면 이번에는 그림 속 인물들이 정상일 가능성이 크다 할 것이다.

그렇다면 우리가 살고 있는 이 시점에서 보슈가 이 그림을 통해 감상자들에게 진정으로 말하고 싶었던 내용은 무엇이었을까. 그는 어쩌면 광인이 아닌 사람들을 광인으로 분류하고 격리시키려 했던 이성 중심의 도시민들을 비꼬는 의도를 그림 안에 숨겨 놓은 것이 아니었을까. 르세상스 시대의 다른 화가들과는 달리 '외딴 섬'이라고 불릴 만큼 상상력이 풍부했었던 그는 디오니소스적인 꿈과 몽환으로 가득한 그림(예컨대 「쾌락의 정원」)들을 그렸다는 점에서도 이러한 추론을 가능케 한다. 그런데 「바보의 수술」 그림에서 그 의도를 짐작케 하는 더 직접적인 단서가 드러난다.

이 그림에서 보듯 르네상스 시대에는 머릿속의 돌이, 바보 같은 사람이 되거나 광인이 되는 원인이라고 진단하고 외과적 수술을 통해 이를 제거하려 한다. 그림에는 의자에 붙들어 맨 환자의 머리에서 돌을 꺼내는 외과 의사와 이를 지켜보는 수도사와 수녀가 그려져 있다. 그림 속의 외과 의사와 마취도 없이 수술을 당하는 환자 중에서 진정한 바보는 누구일까? 보슈는 진짜 광인은 배에 탄 사람들이 아니라 이들을 배에 태워 격리시키려는 자이며, 머릿속에서 돌멩이를 제거해 치유하려는 외과의사가 살고 있는 이성 중심 사회의 도시민들이 더 광인에 가깝다는 사실을 폭로하고 싶었던 것은 아닐까. 이 추론이 틀리지 않다면 20세기 말의 푸코의 사유는 이미 르네상스 시대의 보슈에게 빚지고 있는 셈이다.

르네상스 시대와는 달리, 오늘날에는 정신이상자들을 배에 태워 강제로 격리하는 일이 일어나지 않는다. 그러나 배라는 건조물 대신 다른 제도와 장치를 통해 이성이 지배하는 밝은 세계를 지켜나가려는 시도는 끊임없이 진행 중이다. 오히려 배를 대신한 다른 제도와 장치를 도입하여 더욱 교묘하고 치밀해졌다.

만일 보슈의 배에 이 시대의 노인들을 태운다면 우리는 이로부터 어떤 사유를 유추해 낼 수 있을까. 우리 시대에 '노인의 배'에 승선을 시킬 수 있는 주체를 가정해 본다면 틀림없이 젊은이일 것이다. 왜냐하면 정상적인 사회로부터 분리되고 유배되기 위해 스스로 승선을 자원하는 노인은 없을 것이기 때문이다. 프랑스의 대감호 제도에 철학적 논리를 제공했던 데카르트의 '사유하는 주체는 미칠 수 없다.'라는 주장 역시 이에 대한 간접적인 논리를 제공한다. 즉 노인을 노인으로 분리할 수 있는 사람(주체)은 결코 노인일 수 없다는 것이다. 그러나 이 승선 작업은 시간이 흘러도 끝나지 않을 것이다. 어느 정도 세월이 흐르면 과거에 승선을 강제했던 젊은 주체가 그 또한 노인이 되어 승선인의 입장으로 바뀌어 배에 오르지 않을 수 없기 때문이다.

이를 다시 「나라야마부시코」의 주인공 다츠헤이와 오린의 상황에 견주어 보면, 어머니 오린를 버릴 수 있는 사람은 큰아들인 다츠헤이다. 그러나 어머니를 버렸던 다츠헤이 역시 25년 후에는 그의 아들에 의해 다시 버려질 것이다. 다츠헤이는 변함없이 버리기만 할 수 있는 상수적 주체가 결코 될 수 없다. 그도 언젠가는 예외없이 버려질 변수에 불과하다. 이러한 버림과 버려짐의 문제는 세월의 흐름과 더불어 끝없이 반복될 것이다. 만일 끝없이 버려도 버려짐에 다함이 없다면, 또 끝없이 분리해도 그 끝이 보이지 않는다면 그것은 주체와 객체가 분리 불가능한 한 몸이기 때문이다. 그러므로 그러한 분리와 버려짐에 대한 시도는 현실성이 없음이 명백하다.

우리 주변의 작은 사례로, 소위 지패스(G-pass)라 불리는 65세 이상 실버 세대를 위한 우대용 교통카드가 있다. 서울 지역은 신한 카드로 경기도 지역은 농협 카드로, 2009년 말부터 2010년 초에 걸쳐 동사무소에서 발급했다. 이 카드를 소지하면 지역과 구간을 막론하고 수도권 전철을 무료로 이용할 수 있다. 전에 노인들은 매표소 직원에게 주민등록증을 제시하고 65세 이상임을 확인받은 후 일회용 전철표를 발부받아 전철을 이용했지만 지패스의 발급으로 이런 번거로움에서 벗어났다.

그러나 이 시스템에는 인간을 위한 디자인은 없다. '노인'이라는 '인간을 위한 디자인'은 없다는 것이다. 특별히 신경 써서 제품 디자인을 하지 않았다는 뜻은 아니다. 노인들은 자신들이 늙어 간다는 사실에 매

우 큰 상실감을 지니고 있는 이들이다. 그래서 자신이 사회적으로 용도 폐기가 되었다는 현실에 저항한다. 그러나 지패스는 분리수거함에 꽂혀 있는 라벨처럼 눈에 확연히 띄는 색깔로 노인을 사회적 타인으로 분리하는 기호적 역할을 한다. 에둘러 말하자면 항구에 정박해 있는 보슈의 배처럼 감출 길 없는 노출을 강요당한다는 것이다.

버스나 지하철의 한쪽 구석에 마련된 노약자 지정석도 마찬가지다. 그곳에 앉는 순간 그들은 장애인이고 노인이며 임산부라는 가시적 분리로부터 벗어날 길이 없다. 말하자면 그 픽토그램들은, 그들이 정상적인 도시민의 경계선 밖의 존재들임을 뚜렷하게 인증한다. 그러나 임산부든 장애인이든 그들은 정상이 아니라는 이유로 분리되기를 원치 않는다. 모두가 정상인이고 싶어 하기 때문이다. 물론 그 제도가 지니는 선의는 인정할 수 있다. 완벽한 선의는 순수한 감동을 준다. 그러나 그들을 구분 짓고 분리하는 일은 배려가 아닌 배제라는 결과를 초래하고 말았다. 그들은 공존의 일원이기를 바라지만 제도에 의해 어쩔 수 없이 분리된 존재가 되어 버렸다. 분리는 그들의 의지로 인한 선택이 아니다. 그리고 노약자석을 위한 픽토그램이나 지패스는 그들을 강제적으로 분리시키는 사회적 기호로 작동한다. 말하자면 보슈의 배에 이들을 강제로 승선시키는 패스포드와 같은 역할을 하고 있는 것이다. 이러한 분리 시스템과 이 시스템을 위해 고안된 픽토그램이나 지패스 카드를 인간을 위한 진정한 디자인이라고 어떻게 말할 수 있을까?

자기보다 약한 사람을 위해 자리를 양보하는 공동체는 아름답다. 이러한 배려와 돌봄은 버스나 전철 등 대중교통에서만 해당하는 일은 아닐 것이다. 사람이 활동하는 공간이라면 어디나 따스한 배려가 필요하다. 노약자석이 비어 있어도 굳이 앉지 않는 젊은이나, 또 노약자가 자기 앞에 서 있어도 그곳이 일반석이라는 이유로 양보하지 않는 젊은이나 보슈의 배를 그리고 있는 사람들이라는 관점에서는 모두 다르지 않다. 이는 반드시 승객의 문제만이 아니라 이러한 시스템을 구축한 정책 입안자들의 문제이기도 하다.

앞서 말한 대로 인간은 동식물이나 사물과는 달리 주체와 객체가 항상 명확하게 분리되는 존재가 아니다. 우리는 누구나 임산부가 될 수 있고, 불의의 사고로 장애인이 될 수도 있으며, 시간이 흘러 자본주의 시장의 중심으로부터 벗어나 교환 가치가 떨어진 노인이 될 수가 있다. 말하자면 우리는 모두가 장애인이나 노약자가 될 수 있는 잠재적 존재이다.

어렸을 적 동네에는 한두 명쯤 거지도 있었고 절름발이도 있었으며 심지어 나병 환자도 섞여 있었다. 마을 공동체 사람들은 그들과 더불어 살았다. 그때는 그저 어떤 사람은 몸이 좀 불편하고 어떤 이는 정신적으로 문제가 약간 있는 옆집 어른이며 누구는 어리고 또 누군가는 임신을 해 활동이 조심스러운 이웃의 아주머니였다. 그러나 선진화된 사회제도는 불편하고 병약한 이웃들을 정상적인 무리로부터 급속히 분리시키고 밖으로 몰아내 환경을 쾌적하게 만들어 갔다. 아리스토텔레스의 형상론과 서구의 계몽주의 사상이 한국에서 뒤늦게 꽃 피고 있는 듯한 느낌마저 든다. 그러나 현재 정상인이라 할지라도 어느 순간 장애인이 될지는 아무도 모른다. 또 시간이 흐르면 누구나 병약한 노인이 된다. 정상인들이 비정상인들을 따뜻한 가슴으로 품는 사회가 바람직한지, 그들을 격리시켜 정상인을 위한 쾌적한 시스템을 구축하려는 사회가 바람직한지 우리 자신에게 다시 한 번 진지하게 물어보아야 한다. 전자의 관점에서 보면 우리 주변에서 진정한 의미의 사회적 디자인은 찾아보기 힘들다. 안타까운 점은 이러한 디자인 시스템이야말로 장애인과 임산부, 노인을 위한 진정한 사회보장 제도라 여기며 그들을 위해 최선을 다하고 있다는 자부심을 지닌 정책 입안자가 정부와 지자체에 의외로 많다는 사실이다. 그들은 이 사회를 밝고 깨끗하게 만들기 위해 오늘도 끊임없이 보슈의 배에 승선할 인원을 헤아리고 나누고 있는 21세기형 계몽주의자다.

3

아브젝시옹, 쓰레기 미학

쓰레기로 분리된 물건의 재활용 여부는 그리 중요한 문제가 아니다. '재활용'이란 버려진 물건의 구성 물질을 활용해 재생할 수 있는 가능성을 이르는 말이지만, 분리 대상 자체가 쓰레기라는 본질에는 변함이 없다.

우리나라는 1995년부터 쓰레기 분리수거 제도를 실시했는데, 이 제도가 인간도 일종의 쓰레기처럼 쓸모없는 존재로 분리될 수 있다는 사고를 심어 준 계기로 작용했을지 모른다. 직종과 분야에 따라 차이가 있겠지만 우리나라에서 사회적 분리수거 기준 연령은 대략 55세부터 65세 사이다. 더 젊은 나이에 강제 폐기되는 사람들도 있다. 소위 정리해고 대상자들이다. 일단 용도폐기 분리함에 들어가 버리면 수렁에 갇힌 들짐승처럼 발버둥치면 칠수록 헤어나지 못한다. 젊은 노동자들은 처절하게 저항하지만 큰 효력이 없다. 정리해고 대상자 명단에 들어가는 순간, 많은 사람들은 그들이 해고되지 않은 사람들과 달리 어떤 결핍 요인을 지녔기 때문에 폐기되었으리라 인식하기 때문이다.

한때 사회적 이슈였던 평택의 쌍용자동차 노동자 파업 사태, 한진중공업 사태 등은 희망퇴직이나 정리해고라는 그럴 듯한 말로 포장되었지만, 결국 노동 현장에서 노동자를 퇴출하려는 기업주와 유기(遺棄)된 현실을 인정하지 않으려는 노동자 사이의 충돌로 인해 발생한 사건이었다. 사건이 잠잠해지면 해고 노동자들은 사회에서 잊힌 존재가 되어 갈 것이다. 쌍용자동차의 정리해고 대상자 970여 명 가운데 370여 명만이 회사로 돌아갔다. 어떤 매체에서도 나머지 해고자들이 회사에서 쫓겨난 이후 어떤 삶을 살아가고 있는지 다루지 않았다. 해고 노동자들이 매체의 사각지대에 있다는 사실은 그 매체 수용자들이 그들을 벌써 잊었거나 이미 용도 폐기되었다는 사실을 간접적으로 인정하고 있다는 뜻이다.

폴란드 출신의 사회학자 지그문트 바우만은 『쓰레기가 되는 삶들』이라는 책에서 '쓰레기 미학'을 주장한다. 쉽게 말해 버려지는 것 없이 만들어지는 작품은 없다는 것이 그의 주장이다. 위대한 작품이 탄생하기 위해서라면 쓰레기 창고처럼 지저분한 화실 환경은 어쩔 수 없다는 것이다. 하다못해 연필을 깎더라도 버려지는 연필밥 없이 어떻게 새로운 연필심이 다듬어질 수 있는지를 질문하고 있다. 이렇게 보면 우리가 살아가는 이 사회의 건강성을 위해, 산업사회의 생산 효율을 극대화하기 위해, 문화상품의 수출을 통해 문화 영지를 확보하기 위해, 또 통일될

조국과 민족을 위한다는 명분 아래에서 어쩔 수 없이 잉여 인간이 발생한다. 그리고 잉여 인간이야말로 이처럼 아름다운 미학적 산물이 되는 셈이다. 거룩한 희생을 자임하는 구원의 주체적 존재가 되는 것이다.

미술사학자로 널리 알려진 호스트 월드마 잰슨의 『서양미술사』에는 미켈란젤로가 조각을 하면서 대리석에 갇혀 있는 형상을 해방시키는 일화가 소개되어 있다. 미켈란젤로는 채석장에서 가져온 거친 대리석 덩이를 보면서 "대리석에 갇혀 있는 억눌린 형상을 자유롭게 해방시켜야 한다."라고 늘 중얼거렸다고 한다. 정채봉은 『느낌표를 찾아서』에서 「나는 누구인가」라는 소제목의 글 가운데 이 장면을 다음과 같이 묘사했다.

거기 돌 속에 계시는 당신은 누구십니까, 당신이 누구신지 내가 알아야 바깥으로 들어내 드릴 수가 있지요.

여기서 정채봉이 말하고 있는 미켈란젤로의 조각상은 모세 상이다. 그러나 그가 대리석덩이로부터 모든 형상들을 성공적으로 꺼내지는 못한 모양이다. 현재 피렌체의 아카데미아 미술관이 소장하고 있는 노예상은 노예의 형상을 해방시키는 데 실패하여 미완성 상태로 남아 있다.

이 에피소드는 쓰레기 미학에 매우 그럴듯한 논리적 근거를 제시한다. 미켈란젤로는 대리석으로부터 '노예'나 '모세'가 나올 수 있도록 형상 바깥 부분을 제거하는 작업을 통해서 작품을 완성했을 터인데, 제거된 대리석 파편들은 모두 쓰레기로 남았을 것이다. 이런 맥락에서 버려

왼 쪽 「깨어나는 노예(Slave)」, 미켈란젤로, 1519-1536, 아카데미아 미술관
오른쪽 「모세(Moses)」, 미켈란젤로, 1513-1516, 성 베드로 인 빈콜리 성당
　　교황 율리우스 2세의 무덤 정면 조각상. 오른팔에 십계명이 새겨진 판을 낀 채 히브리 백성들이 황금 송아지를 숭배
　　하는 모습을 보고 분노하는 표정을 짓고 있다.

진 대리석 조각들은 이 세상에 모세 상이나 노예상이 태어나도록 창조
적으로 희생된 거룩한 쓰레기라고 말할 수 있다.

　사상가이자 정신분석학사인 쥘리아 크리스테바는 이런 현상을 '아브
젝시옹(abjection)'이라고 명명했다. 아브젝시옹이란 '자기 자신으로부
터 다른 것으로 판단되는 것을 추방함'이라는 뜻이다. 한편 아브젝트

(abject)는 추방되어야 할 대상들에 대한 상태를 설명하는 형용사다. 이를테면 노예나 모세의 형상에서 작가는 그것들이 아닌 것으로 판단되는 것들, 즉 여분의 대리석덩이인 아브젝트적인 것들을 분리해 냄으로써 비로소 진정한 형상을 얻은 셈이다.

모세 상 사례와 마찬가지로 바로 이곳 서울에서도 살아 있는 쓰레기 미학의 사례를 찾아볼 수 있다. 아브젝트적 대상의 집적지인 난지도가 바로 그것이다. 1970, 80년대의 서울은 넘쳐나는 김장 쓰레기와 연탄재로 겨울철마다 온 시가지가 몸살을 앓았다. 집집마다 연탄 보일러나 난로를 피웠기 때문에 대문 밖에 수북하게 쌓인 연탄재들이 겨울철 골목길 풍광을 이루었다. 그때는 분리수거 제도가 도입되기 전이라 연탄재를 비롯한 각종 쓰레기들을 치우느라 청소부들이 쉴 없이 골목을 드나들었다. 눈이 오면 어른들이 미끄럼 방지를 위해 연탄재를 깨뜨려 빙판에 뿌리기도 했고 장난꾸러기 아이들이 연탄재를 발로 차 흩뜨려 놓는 통에 골목 안은 너저분하기 짝이 없었다. 오늘날 젊은이들은 그런 서울의 옛 골목 풍광을 상상할 수 없을 것이다. 안도현은 「너에게 묻는다」라는 시에서 "연탄재 함부로 발로 차지 마라. 너는 한 번이라도 누구에게 뜨거운 사람이었느냐."라고 썼다. 연탄재가 뿌려진 골목 풍경은 모두에게 익숙한 일상이었기에 많은 사람들에게 이 시는 절절한 공감을 줄 수 있었다.

연탄재를 비롯한 각종 쓰레기들은 청소부들의 수레에서 구청 청소차로 옮겨졌고 청소차들은 난지도로 폐기물을 운반했다. 이렇듯 한강 하류의 범람원이었던 난지도는 기원전 6세기 신(新)바빌로니아 제

난지도 주변 지도

난지도는 1994년부터 2002년까지 시행된 공원화계획에 의해 하늘공원과 노을공원 두 개로 나뉘어 조성됐다. 지도에서 보이는 활 모양의 샛강(난지천)은 그동안의 개발로 흔적만 남아 있다. 북한산이 발원지인 홍지천과 한강이 만나는 지점과 난지천이 갈라지는 부분(성산대교 북단)은 강북도로로 메워져 있고, 안쪽에 평화공원이 조성되어 있다.

국의 왕 느브카드네자르 2세가 아내를 위해 만들어 주었던 지그라트 (Ziggurat)의 공중정원처럼 쓰레기의 고원이 되어 갔다. 말하자면 오늘날의 세계적인 수도 서울은, '서울'이라는 형상의 경계선 밖에 있는 것들을 끊임없이 버림으로써 얻어진 아브젝시옹의 형상물이라고 말할 수 있다. 난지도는 1977년부터 쓰레기 하치장으로 지정되어 1993년 폐쇄되기 전까지 만 16년 동안, 오늘날의 쾌적한 수도 서울이 조성되는 과정에서 대지의 어머니 가이아(Gaia)처럼 각종 쓰레기를 넉넉한 품으로 받아들였다. 연필이 뾰족하게 깎이는 동안 연필밥을 받아들이는 쓰레기통처럼 말이다. 이렇게 본다면 오늘의 서울은, 서울이라고 말할 수 없거나 말해서는 안 되는 아브젝트적 대상을 말없이 받아들여 온 난지도에 갚을 길 없는 부채를 짊어지고 있는 셈이다.

그러나 이런 미학 논리는 작업 공간에 버려진 쓰레기에 인문학적인 해석을 덧붙인 것에 불과하다. 만일 형상을 얻기 위해 희생된 조각들이 질료가 형식을 지배하는 단순한 사물이 아니라, 형식(삶의 의미)이 질료

(육체)를 지배하며 사유하는 인간이라면 어떻게 될까. 이 경우에도 쓰레기 미학이 동일하게 성립할 수 있을까. 이에 대한 답은 대체로 부정적이다. 이러한 미학적 논리는 잉여 인간들을 위로하는 데 결코 적합하지 않다.

하이데거는 그의 저서 『예술작품의 근원』에서 사물과 작품을 구분하면서, 질료가 형식을 지배한다면 즉 질료가 단순히 공간적으로 분배되거나 배치되어 그 결과로서 우연히 어떤 특정한 윤곽을 지니게 된다면, 이는 형식화된 질료(formed matter)로서 사물이 된다고 말한다. 그러나 만일 형식이 질료를 지배한다면 그것은 도구가 되거나 작품이 될 수 있다고 한다. 오늘날의 아름다운 서울을 구축하기 위해 지난 16년 동안 아브젝트적 대상을 받아들였던 난지도는, 서울이라는 '형식'을 얻기 위해 버려진 질료의 역할을 해 왔다고 말할 수 있다. 모세 상을 얻기 위해 미켈란젤로가 정으로 쪼아 버린 크고 작은 대리석 파편들은 형식을 얻기 위한 질료의 아름다운 희생으로 볼 수 있다. 난지도의 쓰레기나 모세 상의 대리석 파편들은 자연계의 순수한 질료이기 때문에 인문학적 해석으로 채색할 수 있다.

그러나 인간 사회의 경우에 동일한 논리를 적용하기란 쉽지 않다. 아름답고 활기에 찬 도시를 만들기 위해, 또 젊고 활발한 사회를 구축하기 위해 장애인을 격리하고 정신질환자나 거동이 불편한 노인들을 시설에 입원시키는 일에도 이와 같은 바우만의 쓰레기 미학을 적용할 수 있을까.

2002년에 출간된 박완서의 산문집 『꼴찌에게 보내는 갈채』는 꼴찌를 보는 사회적 연민을 담고 있다. 이 짧은 산문에서 작가는, 꼴찌가 능력 있고 더 가치 있는 삶을 살아가는 존재라고 말하지 않는다. 오히려 작가는 "영광스러운 승리자의 얼굴을 보고 싶었던 것이지 비참한 꼴찌의 얼굴을 보고 싶었던 것은 아니었다."라고 적고 있다. 그러나 작가는 신설동의 어느 삼거리를 향해 꼴찌로 달려오는 마라토너의 표정에서 그때까지 전혀 기대하지 못했던 "정직하게 고통스러운 얼굴"과 "정직하게 고독한 얼굴"을 보았다고 고백했다. 그리고 관중의 환호 없이 달리는 꼴찌가 위대해 보이기까지 했다고 말한다. 그래서 이 산문은 삶의 부조리함에 낙담한 자들, 실패와 고통 속에 살아가고 있는 자들이 희망을 잃지 않기를 염원하는 내용으로 가득하다. 어쩌면 작가 박완서는 꼴찌의 정직한 고통과 고독을 통해 1등의 형상을 위해 봉사하는 질료의 세계를 엿보았는지도 모른다.

2011년 8월 29일 오후 1시 40분, 나는 노인이 되고 나서 처음으로 탑골공원을 찾았다. 그곳은 이 사회에서 더 이상 쓸모를 인정받지 못해 질료적이고 잉여적 존재가 되어가고 있는 인간군이 하구의 삼각주처럼 퇴적되어 있는 공간, '디자인 캐피털 시티 서울'의 아브젝트적 집적지인 실버 공간 혹은 잉여 공간이었다.

2부

그들만의 영역을 탐색하다

탑골공원에 모여드는 노인들은 어떤 생각에 젖어 있을까?
보르헤스의 소설 속 주인공처럼 죽음이 기다리고 있고 슬픔
과 애곡이 있는 환상계를 긍정적으로 받아들일까. 어느 날
갑자기 폭력처럼 찾아들 죽음에 대해 저항할 수 없는 공포
와 불안에 무기력하게 사로잡혀 있는 것일까. 아니면 영원
히 죽지 않고 즐거움과 기쁨만으로 가득한 낙원에 대한 선
망을 지니고 있을까.

4

참여자와 관찰자

카프카의 단편 소설 『변신』에 등장하는 주인공처럼, 나는 어느 날 문득 내 자신이 노인이 되어 있다는 사실을 발견했다. 몸담았던 대학에서 정년퇴임을 한 뒤, 대학원에서 강사 자격으로 수업을 하면서 몇 해를 보냈다. 강사 자격으로 출강을 하게 되자 매학기 새롭게 위촉되지 않으면 강의가 보장되지 않으니 그 생활이 참으로 파리 목숨과 같다는 생각이 들었다. 교수로서 현업에 종사하고 있었을 때는 느끼지 못한 감정이었다. '울고 싶을 때 뺨 때린다'는 속담처럼, 때맞추어 고용노동부에서 발의한 비정규직 고용안정법이 2007년부터 시행되어 2년 이상 임시직을 계속할 수 없게 되자 법이 밀어내기 전에 내 스스로 법 적용의 한계 이전에 그만두어야겠다는 생각을 하게 되었다. 이러한 생각은 『변신』의 주인공 그레고르 잠자의 경우처럼 어느 날 내 자신을 '노인'

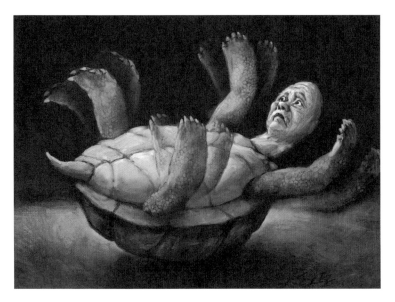
『변신』의 주인공 그레고르 잠자를 풍자한 그림

으로 만들었다.

　'노인'이 되었다는 생각을 하자, 내가 다른 사람을 위해 체온을 나누어줄 수 있는 처지가 아니라 이 사회의 걱정거리로 입장이 바뀌었다는 생각이 강하게 들었다. 벌레가 되기 전까지는 가족을 위해 없어서는 안 될 존재였지만 벌레로 변신하자 이전 가족 관계는 온데간데없고 오직 자기가 죽기만을 기다리는 가족을 보는 서글픔을 지닌 그레고르와 내가 몹시 닮아 있다는 느낌마저 들었다. 그래서 나는 문화기술지의 연구자들이 그랬던 것처럼 나와 동시대를 살고 있는 노인들의 삶을 들여다보고 싶은 생각이 들었다.

　문화기술지(ethnography)는 문화연구가들이 즐겨 사용하고 있는 연구 방법으로, 연구하고자 하는 현지의 대상집단의 삶과 문화에 깊이 참여하여 얻게 된 문화적 지식을 연구 성과로 간직하는 방법이다.『국화와 칼』을 쓴 미국의 문화인류학자 베네딕트처럼 일본에 직접 가 보지 않고 문화기술의 성과를 거둔 책도 있지만, 대부분은 현지를 직접 방문하고 현지인들과 생활을 같이 하면서 연구하는 방법을 택한다. 남태평양의 트로브리안드 군도에서 행한 영국의 인류학자 말리노브스키의 원주민 문화 연구나 마르셀 모스의『증여론』등은 이에 대한 좋은 본보기다. 그러니까 이러한 연구는 참여 관찰이 중요한 요건이 된다.

시작 당시에는 연일 늦더위가 계속되고 있었지만 이내 가을이 올 테고 가을이 가면 겨울의 추위가 찾아올 것이었다. 약 석 달을 노인들이 군집을 이루고 있는 탑골공원에서 노인들과 함께 시간을 보낸다면 여름과 가을, 겨울로 이어지는 계절 변화에 적응해 나가는 노인들의 삶을 추적해 낼 수 있을 듯했다.

탑골공원에 모이는 이들은 앞 장에서 말한 바와 같이, 작품을 만드는 과정에서 창조적으로 버려지는 질료적 대상이 아니라 의식을 지닌 살아 있는 인간군이다. 그러므로 비록 사회적 퇴적 공간에 유기되었다 할지라도 특정한 의식의 덩이를 형성하고 있으리라는 가설을 세워 볼 수 있다. 사회적 분리에 대한 침묵의 수용자들이거나 저항자들, 혹은 매우 강한 의식의 지향점을 지닌 채 집단 무의식을 형성하고 있는 군집일 가능성도 없지 않다.

그들은 어떤 이유로 이 독특한 공간에 집착하는 것일까? 귀찮고 쓸모없다고 방치 당한 잉여 인간들이 서식하는 이곳은 죽음의 대기표를 분배하는 공간일까 아니면 역설적으로 서울을 더욱 싱그러운 도시로 만들기 위한 쓰레기 미학의 공간일까. 세상의 모든 악을 물리치면 마침내 선한 세상이 오리라 기대하며 정당화의 논리를 지닌 역사가들처럼, 탑골공원을 죽어 있거나 쓸모가 없어 속히 정리해야 할 공간으로 규정하는 일이 가능할까.

그러나 공원 정문에 서서 여기저기에 듬성듬성 흩어져 있는 노인들을 보는 순간 위와 같은 잡다한 생각은 흰 도화지처럼 사라지고 말았다. 노인들이 없는 것은 아니었지만 탑골공원 내부는 너무나 고즈넉했기 때문이다.

대학 학부 시절에 작품 이미지를 얻기 위해 탑골공원을 몇 번인가 찾은 적이 있었다. 그때는 좁은 공간이 노인들로 넘쳐 났다. 그들은 돗자리를 여기저기 깔아 놓고 장기나 바둑을 두었고 관상과 사주를 보거나 하는 일 없이 오수를 즐기고 있었다. 자칭 반 타칭 반 정치평론가들도 어렵지 않게 만나 볼 수도 있었다. 공원에서 누군가가 큰 소리로 떠들기 시작하면 곧이어 사람들이 그를 겹겹이 둘러싸 아레오바고 (Areopagus) 광장의 주인공을 만들곤 했다. 누가 지명하거나 임명하지 않은 상태에서 이루어진 즉흥 집회였기 때문에 시작도 끝도 정해진 시간이 없었다. 사람들이 흥미를 잃고 하나둘씩 자리를 뜨면 연사도 자리를 털고 일어나곤 했다. 당시 파고다공원에서는 흔히 볼 수 있는 광경이었다. 그러나 세월이 흘러 탑골공원으로 명칭이 바뀐 파고다공원에 이르렀을 때 주변 풍경은 전과는 너무나 달라 보였다. 북적대던 분위기는 간 데 없고 종로 일대의 어느 버스 정류장보다도 한산해 보였다. 공

원 입구에 꽂아 놓은 태극기 다발만이 이곳이 3·1 독립선언문을 낭독한 뜻깊은 유적지라는 사실을 증언하고 있는 듯 보였다.

공원은 한적했다. 몇몇 노인들의 무리가 보이긴 했는데 그들은 옆 사람과 작게 잡담을 나누거나 신문을 보거나 사색에 잠겨 있었다. 이제 노인들은 전처럼 시간을 마냥 죽이는 덧없는 소일거리를 청산한 것일까. 나는 원각사비 근처 화단 경계석에 앉아 신문을 보고 있는 한 노인을 만났다. 기사 내용이 궁금해서라기보다 시선을 마땅히 둘 곳이 없어

신문을 펼친 듯한 지극히 권태로운 사람 같았다. 낯선 사람에게 말을 건네는 것이 쉬운 일은 아니었지만 이제 그런 체면 차리기는 금물이었다. 말을 나누고 시선을 마주치지 않는다면 어떻게 관찰을 하고 실제적인 체험을 나눠 가질 수 있겠는가? 노인은 생각보다 경계 없이 나를 대했다. 초짜인 나를 금방 알아본 듯했다. 이곳이 조용해서 찾아온다면서 오후에는 종묘공원으로 간다고 말했다.

이제 여기에는 사람들이 없습니다. 다들 종묘공원에 모이지요. 사람들은 다 그곳에 있어요. 나는 좀 이른 점심을 먹고 전철로 여기에 와요. 종묘보다는 조용하니까요. 그렇지만 2시 30분쯤에는 친구들을 만날 겸 종묘를 한번 둘러봅니다. 이곳에 나오기 시작한지는 4, 5년 돼요. 다들 돈도 없고 소일거리도 없으니 오는 거죠.

나는 종묘공원에 갈 때 동행해 달라고 부탁했다. 그는 말없이 깔고 앉았던 무가지를 개어 손가방에 넣은 후 내가 일어서기를 기다렸다. 내색은 하지 않았지만 나라는 존재가 귀찮고 성가신 한편 초짜인 나의 접근에 호기심이 동한 듯했다.

나는 그 순간 '러셀의 패러독스'에 빠져 있는 내 자신을 발견했다. 만일 내가 진정한 관찰자의 입장에 서려면 나는 그들과 같은 처지의 노인이어서는 안 된다. 그러나 나 역시 이미 노동 현장에서 퇴출된 노인이기 때문에 더 이상 관찰자가 아니다. 관찰자의 입장을 고수하면 나는 노인이 되어서는 안 되고 노인임을 인정하면 더 이상 관찰자의 입장이 될 수 없는 역설에 빠진 것이다.

지금부터 110여 년 전, 영국의 수학자이자 철학자인 버트런드 러셀은 집합론 초기에 '모든 집합의 집합'의 모순을 지적하기 위해 '세비야의 이발사'라는 이야기를 만들어 냈다. 바로 '자신의 머리카락을 스스로 깎지 않는 사람들'의 머리카락을 깎아 주는 이발사에 대한 이야기다. 이 이발사는 자신의 머리카락을 깎을 수 없다. 즉 그는 자신에게 스스로 이발을 해 줄 수 없다. 왜냐하면 스스로 이발을 하려면 그는 '자신의 머리카락을 스스로 깎지 않는 사람들'의 집합 속에 포함되어야 할 터인데, 지금 자기는 스스로 이발을 하려고 하므로 그 집합 속에 포함될 수가 없기 때문이다. 그렇지만 만일 자기 자신에게 이발을 해 주지 않는다면 그는 '자신의 머리카락을 스스로 깎지 않는 모든 사람들' 속에 포함될 수 있기 때문에 그런 자신에게 이발을 해 주어야 마땅하다. 따라서 이발사는 어떤 경우든 어느 쪽에도 속할 수 없는 역설에 빠지고 만다.

이와 마찬가지로 탑골공원이라는 노인의 공간에서 나는 관찰자의 입장에 설 수도 없고 참여자의 한 사람이 될 수도 없는 러셀의 패러독스에 빠져 버렸다. 그래서 나는 논리 층위를 분할해 배중률(排中律)을 적용하기로 했다. 배중률이란 모순을 만들어 내고 있는 대립항의 사이에 어정쩡한 중립적 입장을 두지 않으려는, 즉 이것도 문제가 있고 저것도 문제가 있다는 식의 태도를 갖지 않으려는 중간 배척의 원리다. 나는 관찰자와 노인을 분리하지 않고 통합하려고 할 때 발생하는 러셀의 모순률을 제거하기 위해 관찰자인 '나'와 나 자신이 '노인'이라는 사실을 따로 떼어놓고 생각하는 것이 좋겠다는 결론을 내렸다. 말하자면 이발사와 모든 마을 사람을 통합할 때 발생하는 패러독스를 제거하기 위해 이발사와 마을 사람들을 별개로 생각하기로 한 것이다. 배중률을 적용하면 마음 편하게 순수한 관찰자의 입장에 서기도 하고 때로는 자신을 노인의 한 사람의 입장에 두기도 하면서 노인들의 공간에서 체험을 나눌 수 있으리라는 생각이 들었다.

나는 원각사비 근처에서 만난 노인을 따라 탑골공원 서문을 나섰다. 공원 문을 나서 오른쪽으로 방향을 잡자 담을 따라 노숙자처럼 보이는 노인들이 눈에 띄었다. 장기를 두는 노인들도 보였다. 그들은 이제 다른 세계의 사람들이 아니라 이미 내 속에 들어와 나의 일부가 된 타자였다.

저쪽을 보세요. 여기서 상가 쪽으로 조금만 가면 4층에 노인들을 위한 극장도 있어요. 영화 좋아하면 한번 들러 보십시오.

노인은 악기 전문 상가가 있는 낙원상가 건물을 가리키면서 말했다.

이 근처에는 노인들 형편에 맞는 가게가 많습니다. 3, 4000원 정도면 웬만한 메뉴의 음식을 골라먹을 수도 있고, 심심하면 영화도 볼 수 있고, 이발도 그 정도의 비용에 할 수 있고……

오늘은 나를 따라 우선 종묘에 가 보고, 앞으로 시간이 나면 천천히 한번 둘러보십시오. 노인들을 위한 상권이 형성되어 있는 이곳은 어찌 보면 참 재미있는 곳이지요.

뒷골목 풍광을 신기해하는 내 기색을 눈치 챈 노인은 묻지도 않은 이야기까지 들려주었다. 그러마고 대답은 했지만, 휘적휘적 앞장서 걸어가는 노인의 뒷모습을 보니 이들 집단으로 들어가는 문을 찾기가 생각보다 쉽지 않을 수도 있겠다는 생각이 불현듯 스쳐 지나갔다.

5

'죽지 않는 사람들'의 종묘시민공원

아르헨티나의 작가 호르헤 루이스 보르헤스의 『알렙』에 실린 「죽지 않은 사람들」이라는 우화에는 주인공 '나'의 독특하고 흥미로운 체험담이 기록되어 있다. 그는 우여곡절 끝에 죽지 않은 사람들만 살고 있는 어느 도시에 도착했다. 소비자를 유혹하는 온갖 건강 보조식품 광고와 영생을 담보하는 각종 종교 이데올로기들로 가득 차 있는 한국 사회가 어떤 것보다도 지극히 선망하는 파라다이스라 할 수 있는 죽지 않은 도시에 간 것이다. 그러나 정착한 지 얼마 지나지 않아서 그곳이 유토피아가 아니었다는 사실을 깨닫게 해 준 작은 사건이 일어났다.

어떤 노무자가 작업 중에 실수로 채석장의 깊은 곳으로 추락한다. 얼마나 다쳤는지, 추락 지점에 생존을 위해 먹고 마실 만한 물과 음식은 있는지, 작렬하는 태양 빛과 혹한과 삭풍에 견딜 만한 시설이 있는지에 관해서 기록된 내용은 없다. 그렇지만 그 노무자는 영생하는 도시의 시민권을 지니고 있었으므로 추락을 했지만 죽지 않았으며 또 죽을 수도 없었다.

동료들이 추락한 그에게 밧줄 하나를 내려 주는 데 실로 70년이라는 세월이 흘렀다. 거의 한 사람의 일평생에 해당하는 시간이 밧줄 하나를 추락한 지점까지 내리는 데 소요된 것이다. 그토록 긴 시간이 소요된 이유는 짐작컨대 무엇보다도 시급히 그를 구조하여야 할 어떠한 이유도, 명분도 찾을 수 없었기 때문이었을 것이다.

주인공인 '나'는 그 사건을 목격하면서 그곳이 파라다이스가 아니라는 사실을 깨달았다. 시민들은 보람이나 기쁨, 즐거움이나 슬픔 등 어떤 감정도 느끼지 않았으며 눈물도 없었다. 기쁨이나 보람은 인고 속에서 무언가를 얻어 냈을 때, 또는 오랜 기다림 끝에 오는 감정인데, 오늘 못하면 내일, 아니면 일 년이나 수십 년 후에 해도 능히 좋기에 거기에 가치를 부여할 어떠한 이유도 찾을 수가 없었다. 이웃이 다치거나 아플 수는 있어도 마침내 죽는 일이 없으므로 슬픔도 없다. 사랑하는 사람과 헤어져도, 또 그 헤어짐이 아무리 기약 없다 할지라도 별리(別離)의 당사자들이 죽지 않기 때문에 아쉽거나 슬퍼해야 할 일 또한 아니었다.

모든 눈물을 그 눈에서 닦아 주시니 다시는 사망이 없고 애통하는 것이나 곡하는 것이나 아픈 것이 다시 있지 아니하리니 처음 것들이 다 지나갔음이러라.

—「요한계시록」 21장 4절

「요한계시록」에 기록된 새 하늘과 새 땅의 모습이다. 그리고 우리가 수많은 장례식에서 신부나 목사의 설교를 통해 들어 왔던 천국에 대한 언어적 그림이다. 주인공인 '나'는 영원히 죽지 않기 때문에 시간의 무한정성 속에서 삶의 의미와 가치가 실종되어 버린 천국의 조건에 더 이상 적응할 수 없어 그곳으로부터 탈출하기로 결심한다. 그렇지만 귀환도 만만치 않은 일. 그는 그 도시를 탈출하는 데 이루 말할 수 없는 고생을 한다. 역설적인 이야기 같지만 그는 영생이 아닌 죽음과 이웃하는 삶이 가치 있다는 사실을 죽지 않은 도시에 머무는 동안 깨달았던 것이다. 그는 그 도시를 빠져나와 항해를 하는 도중 홍해에 있는 어느 항구도시 근교에서 맑은 물이 흐르는 개울을 발견한다. 그 물을 허겁지겁 떠 마시고 강둑 위로 오르다가 가시나무에 찔리고 만다. 손등에서 피가 흐르는 장면이 매우 인상적으로 묘사된다. 보르헤스는 주인공이 다시 죽음이 기다리는 세계, 즉 슬픔과 애곡이 있고 온갖 부조리로 가득 차 있으며 죽음과 병마(病魔)를 두려워하는 한계적 존재의 세계로 귀환한 기쁨을 이렇게 담담하게 기록했다.

예사롭지 않은 고통이 너무도 생생하게 느껴졌다. 나는 침묵 속에서 여전히 의심을 감추지 못한 채 행복해하며 피가 천천히 방울을 만들어 가는 아름다운 과정을 바라보았다. 나는 다시 죽는 존재가 되었다.

그렇다면 탑골공원에 모여드는 노인들은 어떤 생각에 젖어 있을까? 보르헤스의 소설 속 주인공처럼 죽음이 기다리고 있고 슬픔과 애곡이 있는 현상계를 긍정적으로 받아들일까. 어느 날 갑자기 폭력처럼 찾아들 죽음에 대해 저항할 수 없는 공포와 불안감에 무기력하게 사로잡혀 있는 것일까. 아니면 영원히 죽지 않고 즐거움과 기쁨만으로 가득한 낙원에 대한 선망을 지니고 있을까. 나는 그들의 '생각의 현주소'를 알고 싶었다. 인간 삶의 근원적인 질문에 대해 준비하고 있을 대답들이 궁금했다.

후기 인상주의 화가 고갱도 타히티 섬에 머물 당시, 악화된 건강, 생활고, 사랑하는 딸 알렌느의 죽음으로 괴로운 나날을 보내면서 삶이 무엇인가를 물었다. 그 질문을 담은 작품이 바로 그가 죽기 6년 전인 1897년에 그린 「우리는 어디서 왔고 누구이며 또 어디로 가는가」다.

그림 오른쪽의 누워 있는 아기로부터 시작해서 가운데 서 있는 타히티풍의 건강한 여인, 그리고 왼쪽 구석에서 귀를 막고 웅크리고 앉아 다가올 죽음의 공포에 사로잡혀 괴로워하는 노파에 이르는 순서로 각각 어린 시절과 청년 시절, 그리고 노년의 시절을 암시적으로 묘사했다. 피안의 세계로 보이는 흰색 석상 옆에는 비록 현실 세계에서는 죽었지만 아직 살아 있는 모습으로 사랑하는 딸 알렌느를 그려 넣었다. 그러면서 고갱은 스스로 묻는다. 도대체 우리는 어디서 왔고 누구이며 또 어디로 가는가를…….

따라서 이 작품은 표제의 질문에 대한 답이다. 다만 지금부터 약 120년 전 고갱 자신이 신에게 던지고 싶었던 질문을 그림으로 표현했을 뿐이다.

나는 노인을 따라 탑골공원 서문을 나서 북쪽 돌담을 돌아 동문 쪽에 이르렀다. 골목길은 교보문고, 종로타워 빌딩, 르메이에르 종로 타운, 서울 YMCA, 귀금속 도매점 등으로 꾸며진 종로 일대의 번화한 도로변 이미지와는 너무나 달라 보였다. 서울의 물가고가 세계적인 수준이라고 말하지만 탑골공원 뒷골목의 물가는 마치 시대가 멈춘 듯한 느낌을 주었다. 한 끼의 식사, 간단한 음료, 바둑과 장기, 이발…… 이런 서비스가 이루어지는 골목의 가게들은 지갑이 얇은 노인들이 주눅들지 않고 하루를 즐길 수 있는 조건들을 갖추고 있는 듯 보였다. 그것은 한국의 신자유주의와 자본주의가 감추고 싶어 하는 서울의 속살일 터였다.

종묘시민공원에 도착한 나는 서울의 잉여 인간들이 연출해 내고 있는 경이로운 세계를 보았다. 가히 충격적이라고 말해도 좋을 만큼 활기

찬 에너지로 가득 차 있었다. 이들이 단일하게 꾸며 내는 이미지의 총체적 느낌은 죽음의 대기자(awaiter)와 같은 암울함도 아니고 보르헤스의 파라다이스처럼 만사가 귀찮고 허무하며 실종된 가치의 세계에 살고 있는 무기력함도 아니었다. 이 공간에 비한다면 서울역 주변의 노숙자들은 평균적으로 종묘시민공원의 노인들보다 더 젊은 나이인 듯하지만 오히려 지근거리에 죽음을 끼고 있는 사람들처럼 보일 법하다.

그들은 무기력해 보이고, 지금까지 삶을 걸고 시도해 보았던 모든 것을 허무하다고 간주하며 실패가 또 다른 실패를 불러들여 인생의 종점에서 향방 없이 표류하는 인간군처럼 보인다. 술 냄새와 담배 냄새, 오랫동안 씻지 않아 퀴퀴한 냄새를 풍기는 그들은, 비록 말은 없지만 이 사회가 얼마나 온정 없는 차가운 사회인가를 온 몸으로 증언한다. 만일

「우리는 어디서 왔고 누구이며 또 어디로 가는가(Where Do We Come From? Who Are We? Where Are We Going?)」, 폴 고갱, 1897, 보스턴 미술관

그들이 집 없는 노숙자들이며 지성과 이성을 포기한 사회적 타인과 같은 존재라고 규정한다 할지라도 우리와 똑같은 인간이라는 점에서 그들은 마침내 우리를 견딜 수 없게 만드는 것이다. 예루살렘에서 여리고로 내려가다가 강도를 만나 죽어 가는 사람을 못 본 체하고 지나쳐 버린 제사장과 레위인을 진정한 이웃이 아니라고 가르쳤던 예수의 가르침은 그러한 상황 속에서 여전히 유효하다.

그러나 종묘시민공원의 구성원들은 서울역 근처의 노숙자들과는 달리 우리 사회가 그들을 버렸다는 느낌이 전혀 들지 않았다. 공원은 크

왼 쪽 **탑골공원 뒤 낙원동 일대의 골목**
　　이곳 이발소에서는 이발은 3500원, 염색까지 해서 5000원이면 충분하다.
오른쪽 **낙원동 일대의 골목에 있는 식당**
　　냉면, 순두부백반, 고등어구이 등이 3000원, 좀 더 비싼 메뉴도 5000원 내외로 한 끼 식사를 해결할 수 있다. 자판
　　기 고급 커피는 200원이다.

게 네 개의 구역으로 나뉘어 있었다. 마이크를 잡고 소위 시사 담론을
펼치고 있는 두 구역, 바둑과 장기를 두는 게임 구역, 이들과 상관없이
자기들만의 대화와 사색을 즐기는 사람들이 차지하고 있는 구역 등이
었다. 시사 담론의 구역에서 아무리 마이크를 쥐고 큰 소리로 떠들어도
게임 구역에 있는 이들은 그쪽을 거들떠보지도 않는다.

　나는 비어 있는 바둑판 앞에 서 있는 친구에게 바둑 한 수 두겠느냐
고 물었다. 바둑판 주인에게 대국료를 내야 한다는 말을 듣긴 했지만
그가 어디에 있는지 사람들 틈에서 쉽게 눈에 띄지 않았다. 그는 자리
를 잡으면서 나더러 몇 급이냐고 물었다. "3급 정도 될까요?"라고 말하
자 흑돌 상자를 자기 앞으로 끌어당기면서 흑으로 정선으로 두면 되겠
다고 말했다. 나는 수를 생각하면서 제발 천천히 두라고 상대에게 부탁
했다. 그는 서능욱 9단처럼 다혈질의 친구처럼 보였다. 그는 내가 돌을
놓는 순간을 마치 기다렸다는 듯 응수했다. 두 판을 두었는데 한 시간

여 만에 사이좋게 한 판씩 승리를 나누어 가졌다. 바둑판 주인이 게임 값을 받으러 왔다. 1000원이었다. 일반 기원의 기료에 비하면 사분의 일 가격인데 종이컵에 따른 커피도 직접 들고 와 건네주고 간다. 이름도 성도 모르는 그가 결승을 하자며 붙잡았지만 다음에 만나자며 자리에서 일어났다. 비록 그 친구가 치밀한 반상 위의 전략을 구사한 것이 아니라 감각적인 착수를 했다 할지라도 그의 살아 있는 승부욕을 확인할 수 있었다는 것은 기분 좋은 일이었다. 경기 관찰자에게는 경기에 몰입된 자들이 의미 없이 시간을 죽이는 것처럼 보일지 모르겠지만, 몰입은 의식의 지향성을 바탕으로 한 창조적 에너지가 작동하는 과정이다. 그는 다음에 나를 만나면 다시 한 판 두자고 청할 것이다.

자리를 뜨자 인천에 사는 지인으로부터 전화가 왔다. 인천제일교회 집사인 그가 자유공원에서 이루어지는 무상급식의 현장에 나와 보지 않겠느냐고 물었다. 나는 약속 날짜를 잡았다.

6

낙담과 불신의 공간

그로부터 얼마 후 나는 지인과의 약속에 따라 인천의 자유공원에 갔다. 인천 제일교회에서 매주 월요일에 실시하는 점심 급식 현장에 나갈 계획이었다. 날씨가 좋으면 자유공원의 맥아더 동상 바로 아래 음수대와 파골라 주변에서 봉사 프로그램이 진행된다지만 그날따라 이슬비가 내리고 있어서 교회의 식당으로 자리를 옮겨 급식 행사가 진행됐다. 예정 시간보다 약간 일찍 도착했는데, 식당에 들어가니 벌써 많은 사람들이 자리를 잡고 있었다. 수 년째 계속되고 있는 행사이기 때문인지 노인들이 교회에서 만들어 비치해 둔 팸플릿을 테이블에서 한 부씩 들고 들어가는 모습이나 봉사단원들과 인사를 나누는 모습이 매우 자연스러워 보였다. 오전 10시가 되자 식당은 노인들로 가득 찼다. 어림잡아 150여 명은 되는 것 같았다. 나는 교회의 봉사단원에게 미리 소개받은 김찬식(가명) 씨의 옆자리에 앉아 행사가 어떻게 진행되는지 호기심을 가지고 지켜보았다. 급식이 이루어지는 12시까지 약 두 시간 동안 교회가 마련한 프로그램에 참여하는 노인들의 반응이 궁금했기 때문이다.

혹시 교회에서 전도의 수단으로 이러한 급식 행사를 기획한 것이 아닌가 하는 처음의 생각은 프로그램이 진행되자 바로 바뀌었다. 10시 정각에 나이 지긋한 노장로가 나와 이야기를 시작했는데 그의 이야기는, 기독교에 관련된 내용이라기보다는 신변잡기였으며 행사가 이루어지는 동안 노인들이 유의해야 할 행동규범, 즉 담배꽁초를 함부로 버려서는 안 된다, 앉았던 자리는 깨끗하게 정리해야 한다는 말 등이었다. 교회에서 기획된 행사이기 때문에 간단한 예배도 빠지지 않았는데 예배는 교회의 전도사가 담당했다. 예배가 끝나자 게임과 스트레칭 시간이 이어졌다. 여자 권사의 인도로 노인을 위한 간단한 스트레칭, 가요 부르기, 노래에 맞춰 어깨춤 추기 등이 이루어졌다. 이러한 활동이 대략 3, 40분 단위로 진행되었고 11시 40분이 조금 넘어서 공식적인 순서가 모두 끝이 났다.

나는 부인과 나란히 앉아 있는 김찬식 씨를 포함한 여러 참석자들의 표정을 보았다. 그들은 유치원이나 초등학생들처럼 이 모든 순서들을 진지하게 받아들이는 것 같았다. 이 모임에 처음 참가한 나로서는 납득이 쉽지 않았다. 이 노인들의 집단 안에는 과거에 큰 사업체를 운영했거나 관공서의 장이나 고위공무원직에 머문 사람, 혹은 학자들도 있을 터인데 나이가 들었다는 오직 그 이유만으로 어떻게 이렇게 학습이 잘

된 학생들처럼 행동할 수 있을까.

교회에서는 행사 전에 커피를 제공했고 행사가 끝났을 때 사발면과 함께 간식으로 절편을 비닐 봉지에 담아 주었다. 한 끼의 식사만을 위해서라면 배식시간에 임박해서 참석해도 좋을 텐데 왜 노인들은 10시 이전부터 이곳에 나와 이 귀찮은 프로그램들에 자발적으로 참여하는지 이해가 가지 않았다. 나는 프로그램이 진행되는 동안, 한 끼의 식사를 제공하면서 교회 측에서 노인들에게 너무 무례하고 무리한 참여를 요구하는 게 아닌가 하는 생각을 하고 있었다. 따라서 노인들의 적극적인 태도는 의외였다.

김찬식 씨는 컵라면 국물을 마시면서 처음 소개받은 내가 낯선 모양인지 경계심을 늦추지 않았다. 이러한 낯가림 때문에 그에게 어떤 이야

인천 제일교회 식당에서의 배식 전 행사
배식은 매주 월요일 오전 11시 40분부터 자유공원의 맥아더 동상 바로 아래에 있는 음수대와 파골라가 있는 공간에서 이루어진다. 비가 오거나 추운 날에는 인접한 제일교회 식당에서 행사를 하고 배식을 한다.

기를 들을 수 있을지 우려스러웠다. 그는 자기 부인이 병치레가 많아서 걱정이라고 했지만 김찬식 씨보다 부인이 더 젊어 보였다. 그런데 이야기를 시작하자 그가 상당한 식견을 가진 사람이라는 사실을 알 수 있었다. 나이는 86세, 젊은 시절에 공무원 생활을 했고 그동안 자녀들 네 명을 출가시켰으며 그 후 20년 가까이 부인과 단 둘이 생활하고 있다고 했다.

그곳에 모인 피급식자들의 무리를 보면서 나는 그에게 이들이 왜 매주 급식소를 찾는지 궁금해서 방문했다고 솔직하게 말했다. 그러면서 그의 표정을 조심스레 살폈는데, 만나자마자 너무 급히 서두르는 나를 어떻게 받아들일까 걱정이 되기도 했다. 그러나 그에게서 뜻밖의 답을 들을 수 있었다.

모르죠, 뭐…… . 개인적으로는 여기 오면 사람들을 만나 이야기를 나눌 수도 있고, 또 여기 89세 된 장로가 한 분 계신데 예배 시작 30분 전에 사는 이야기를 참 재미있게 해 줘요. 아까 보셨죠? 그 이야기도 들을 겸 와요. 여기 오는 다른 사람들도 사연이 있겠죠. 몇 번 만나면 얼굴은 익으니까 인사는 나누지만 대부분 성도 이름도 모릅니다. 서로 묻지 않고 답하지 않는 것이 이곳에 모이는 사람들 사이의 불문율이랄까…… . 사람들이야 많이 알죠. 내가 여기 나온 지 1년쯤 되니까요. 그렇지만 그들의 속내는 모릅니다. 속살을 드러내는 말은 하지 않아요. 묻지도 않고…… .

나는 이들이 대부분 비슷한 처지에서 모일 테니 속내를 드러내고 대화를 나누며 위로를 주고받는 끈끈한 사이로 엮여 있으리라 기대하고 있었다. 그러나 막상 현장에 오니 나의 생각이 너무 피상적이고 순진했음을 깨달았다.

무섭습니다. 여기에 모인 노인네들……. 아무 일 없는 듯 평화롭게 보이지만 작은 일에도 욕설을 퍼붓고 악다구니를 써요. 서로 모르고 지내니 자연히 그렇지 않겠어요? 심지어 식사를 나눠 주는 봉사자들한테도 기분이 나쁘다 싶으면 욕하고 대들죠. 아무도 믿지 않는다고나 할까…….

그렇지 않습니까? 우리는 여순 반란 사건부터 시작해서 6 · 25 전쟁, 4 · 19를 겪은 파란만장한 세대잖아요. 6 · 25 때 나는 8사단 보병부대에서 근무했는데 다행히 죽지 않고 지금까지 살아왔지만, 우리 나라가 이만큼 잘살게 된 게 우리 세대가 흘린 땀의 대가였으니 이제 국민 모두가 잘살아야 되지 않겠습니까? 김대중 대통령 때인가요. 연평도 해전이 일어나 우리나라 해군이 여러 명 죽었고, 또 지난번에는 연평도에 북한이 장사포를 쏘아대도 응징 한번 제대로 못했잖아요? 정치가들은 표만 의식해서 전쟁의 공포감을 심어 주면 표 떨어지고 경제지표 떨어지니까 이러지도 저러지도 못하고, 또 인도주의다 뭐다 해서 틈만 나면 북한 다녀오고 식량 지원해 주고 해서 표 긁어모으고……. 오늘만 해도 그렇죠. 저축은행 일곱 군데인가 사건 터졌잖아요. 돈 있고 힘있는 사람들은 눈에 보이지 않은 카르텔을 형성해서 자기들끼리만 이리 빼

돌리고 저리 면책 받고……. 전쟁 난다고 생각해 보세요. 가장 먼저 도망갈 사람들이 바로 그 사람들일 겁니다.

지금 우리 사회는 정의가 사라진 지 오래 되었어요. 대통령이나 국무위원들을 믿을 수 있습니까? 국회청문회 보셨죠? 다운 계약서 작성, 위장전입, 논문표절, 세금포탈, 병역면제 등은 국무위원들의 5대 필수 스펙이라고 하지 않습니까? 국회위원들은 믿으세요? 지자체장들은요? 그렇다고 검찰이나 사법부는 살아 있다고 보십니까? 심지어 종교 지도자들도 마찬가지예요. 지금 믿을 사람이 아무도 없는 거죠. 우리 같은 늙은이들은 이제 이 사회에 아무런 기대도 없어요. 사회 지도자들이 정직합니까, 또 신뢰할 만합니까? 시간이 흐르면 나아질 거라는 어떤 기대도 없으니 우리 세대 사람들이 악만 남은 건 어쩌 보면 당연한 일이죠. 마음 붙일 어떤 기관도, 단체도, 개인도 없어요. 기대하지도 않지만 그렇다고 우리한테 물질적인 온당한 예우를 해 주는 것도 아니잖습니까? 노인네들한테 주는 한 달 9만원, 이게 뭡니까? 누구 놀립니까?

그의 말을 들으며 나는 인간 사회의 근본적인 갈등 요인을 정의와 노동으로 해소할 수 있다고 주장한 헤시오도스의 「노동과 나날」을 떠올렸다. 그가 그 글을 읽었는지의 여부는 알 길이 없었지만, 우리 현실에 대해 짙은 절망과 상실에 빠져 있으며 아무런 희망도 없다는 느낌을 받았기 때문이다. 나는 이곳에 오는 사람들이 다 그렇다고 어떻게 단정할 수 있는지 물었다.

그거야 모르는 일이죠. 그렇지만 기다리면 지금보다는 나아질 거라는 희망이 없다는 점은 분명해요. 노인네들이 너무 거칠고 교양이 없습니다. 거칠다는 건 자기 자신을 아낄 줄도 모르고 타인도 보듬으려는 따뜻함이 없다는 뜻 아니겠어요? 그래서 한곳에 모여 있기는 하지만 모두 모래처럼 찰기가 없죠.

기원전 740년에서 670년 사이에 살았다고 알려진 그리스 시대의 시인 헤시오도스는 「노동과 나날」이라는 장시(長詩)를 썼다. 그것은 민사소송에서 피고의 입장에 처한 그가 소송을 제기한 불의한 형에게 보내는 탄원과 설득의 글이다. 이 장시에서 헤시오도스는 물질적 풍요를 위해 형제간의 다툼조차 마다하지 않는 추악하고 탐욕스러운 인간 사회를 고발한다. 이 오래된 유작은 기원전 8세기에 재판이라는 제도가 이미 인간 사회에 개입하고 있었음을 알려 준다.

헤시오도스 형제는 부모가 남긴 유산을 오래 전에 분배받았다. 그때 형(일설에는 동생이라는 주장도 있음)은 그보다 더 많은 상속을 받았는데도, 이 분쟁을 판결했던 뇌물을 좋아하는 왕들에게 대부분의 재산을 바쳤기 때문에 또 다시 빈털터리와 다름없는 신세가 되었다. 그래서 새로운 송사를 벌여 동생이 가지고 있는 나머지 재산마저 빼앗으려는 심산이었다. 이 장시의 첫머리는 재판의 판결을 앞둔 그가 형을 타이르는 말로 시작한다.

페르세스야, 나는 너에게 소중한 진실 하나를 말하고 싶다.

그는 이 시에서 '소중한 진실'을 두 가지로 나누어 설명한다. 그것은 '정의'와 '노동'이다. 헤시오도스는, 정의가 반드시 불의를 이길 수 있으며, 정당한 판결이 있고 정의로부터 한 치도 벗어나지 않은 사람들이 사는 도시는 아름답고 번창할 것이라고 노래한다.

그런데 작가는 왜 이러한 주장을 재판이라는 형식을 통해 설명하고 있을까. 말할 필요도 없이 재판이 공정하지 않으면 그 사회는 정의 실현이 어렵다는 점을 강조하기 위해서다. 즉 인간은 어느 시대나 소유의 문제로부터 야기되는 경쟁과 투쟁으로부터 자유로울 수 없기 때문에 서로의 이익이 충돌할 수밖에 없는데, 이러한 불화의 문제를 해결하기 위해서는 법이라는 자(尺)가 필요하다는 관점인 것이다. 작가는 이 시에서 비굴한 타협보다는 정의를 위한 투쟁을 강조하고 그 투쟁은 어디까지나 타인의 권리를 존

「오라녜 공작 빌렘 1세의 무덤」 중 정의를 상징하는 여신 동상, 헨드릭 드 케이저르, 1614-1620, 암스테르담 신교회

중하는 범위 안에서 이루어져야 한다고 말하면서 공정한 재판의 필요성을 거듭 강조한다. 아울러 정당한 노동의 가치도 강조한다. 노동하지 않은 자들에 의해서 소유의 불공정성이 싹튼다고 보았기 때문인 것 같다.

> 이 바보야, 남의 재산에 대해 품은 어리석은 생각을 버리고 노동으로 마음을 돌려라……. 너의 빵을 얻기 위해 스스로 노력한다면 너에게 노동은 하나의 축복이 될 것이다.

이렇게 보면 노동과 정의는 한 몸의 두 얼굴이라고 말할 수 있을 것이다. 정의는 노동에 가치를 부여하고 노동은 정의에 몸체를 제공하기 때문이다.

김찬식 씨는 2800여 년 전 헤시오도스의 주장처럼 정의로운 사회, 그래서 국가와 이웃에 대해 신뢰할 수 있는 사회를 그리워했고 그의 다듬어지지 않은 분노에 어느덧 빠져드는 나 자신을 발견했다. 비록 거친 표현이기는 하지만 그의 말이 현실에 대한 꾸밈없는 진술이라면 지금 우리 사회는 89:11이라는 양극화 수치 중 89의 그룹에, 이처럼 불신으로 가득 차 있고 냉소적 집단이 되어 가는 실버 세대를 보태지 않으면 안 될 것이다. 만일 이러한 상황이 바뀌지 않은 상태에서 향후 노인 인구가 급증한다면 우리 사회는 어떻게 변해 갈까. 국가나 지자체, 그리고 종교 집단과 뜻 있는 개인이 제공하는 여러 가지 우호적 복지 혜택에도 불구하고 그들은 왜 고마워하지 않고 냉소를 던지는 마이너 집단이 되어 가는 것일까.

정확한 진단인지 아닌지 확신할 수 없지만, 헤시오도스의 논리에 따르면 실버 세대에게 노동의 기회를 제공하는 일 대신에 당장의 결핍을 채워 주는 데 급급한 우리 사회의 복지정책에 문제의 본질이 숨어 있지 않나 싶다. 노동의 기회를 상실함과 동시에 정의 실현의 주체성을 잃어버린 실버 세대는 노동권을 가진 주류 사회로부터 구조적으로 소외되어 있다. 노동과 바꾸지 않은 상태에서 주어지는 시혜는 그들의 정체성과 자존감에 큰 상처를 입힌다. 이렇게 본다면 실버 세대를 위한 진정한 복지는 무료로 제공되는 한 끼의 식사나 몇 조각의 떡, 혹은 한 잔의 커피가 아니라 한 끼의 식사와 등가성을 띤 '작은 노동'의 기회가 주어지는 일일 터이다. 나이가 들면서 이러저러한 사정으로 노동의 현장으로부터 밀려나 정의 실현의 주체성을 동시에 잃어버린 세대에게 노동이 생략된 시혜는 객관적으로는 '감사해야 할 일'이지만 주관적으로는 결코 '감사할 수 없는 일'이 되어 버린다. 왜냐하면 거기에는 노동과 한 몸을 이루어야 할 정의가 없기 때문이다. 달리 말한다면 노인이라는 이유만으로 조건 없이 베풀어지는 시혜에 참여하는 순간, 참여자는 결코 정의의 편에 설 수 없기 때문이다. 적어도 헤시오도스의 논리에 따르면 그러하다.

　자유공원의 노인들은 제일교회가 베풀어 주는 따뜻한 손길에 진정으로 고마움을 느끼기 위해 프로그램에 집중하고 있는지도 모른다. 프로그램의 내용이 개인적으로 얼마나 마음에 드는가는 중요한 문제가 아닐 것이다. 노장로의 이야기를 들어 주고 예배에 참여하며, 게임 리더에 따라 스트레칭을 하고 민요를 부르면서 어깨춤 사위에 몸을 맡기는 일을 하지 않는다면 그들은 노동 없는 일방적인 시혜의 대상으로 전락하는 것이 너무나 분명하기 때문이리라. 그들은 이점을 두려워한 것이 아닐까. 제일교회의 집사들은 한 끼의 식사를 제공하고, 노인들은 프로그램 수행이라는 작은 노동에 기꺼이 참여함으로써 제일교회의 호의에 보답하는 것이다.

김찬식 씨는 자유공원에서 인천 역까지 배웅하겠다고 따라나선 나를 공자상(公子像)으로 안내하면서, 공자상의 왼편이 소위 차이나타운이라고 설명했다. 1900년대 초에 제물포 항만 선거(船渠) 공사에 중국의 저임금 노동자 쿨리(coolie)들이 주로 참여했는데, 그때 월미도와 가까운 이 지역에 그들이 모여 생활하기 시작해 오늘날 차이나타운으로 정착하게 되었다고 한다.

보나마나 고생깨나 했을 거고 들리는 소문에는 많이 죽었다고도 합니다. 그래도 그들은 이국땅이기는 하지만 항만시설을 남겼고 후손들이 들러 볼 수 있는 차이나타운도 남겼죠. 그러나 지금 우리 노인들은 의미 없는 시간들을 보내기만 할 뿐 아무 일도 못하면서 불만과 불신의 덩어리로만 남아 있어요. 이건 재앙입니다.

김찬식 씨는 이 시대의 노인들이 아무런 역사적 부채감을 지니지 못한 상태로 마냥 세월을 보내는 유령과 같은 존재라는 점에서 고통 속에서 극심한 노동을 강요당했던 쿨리보다 못하다고 생각하는 것 같았다. 나는 그를 인천 역까지 배웅했다. 그에게 연락처를 물었지만 필요하면 제일교회의 집사를 통해서 연락하라면서 자신의 연락처를 끝까지 남기지 않고 역사로 들어갔다. 그는 서로가 서로에 대해 묻지 않는다는 노인들의 불문율을 지킨 것이다.

7

허리우드 클래식

동경대 명예교수 이마미치 도모노부는 그의 책 『단테 신곡 강의』 서문에서 클래식(Classic)이라는 어휘의 변천을 흥미로운 에피소드를 통해 설명하고 있다. 클래식이란 라틴어의 클라시쿠스(Classicus)에서 유래한 것으로, 함대(艦隊)라는 의미를 가진 클라시스(Classis)라는 명사에서 파생된 형용사라는 것이다. 이러한 어원에 따르면 오늘날 우리가 사용하고 있는 클래식이란 초기의 의미와는 상당한 거리를 지닌 용어임을 알 수 있다. 그렇다면 '함대'를 가리키는 말이 어떻게 '고급스러운', '고전적인', '일류의', '최고 수준의', '전형적인', '대표적인'이라는 의미를 가진 오늘날의 '클래식'으로 그 개념이 바뀌었을까?

알다시피 함대란 몇 개의 전대(戰隊)를 거느린 군함의 무리다. 미국의 제7함대나 태평양 함대는 웬만한 국가의 군사력과 맞먹을 만한 막

강한 전투력을 자랑한다. 그런데 로마 시대에는 국가가 위기에 처했을 때 이런 거대한 클라시스(함대)를 국가에 쾌척할 수 있는 부호들이 있었다. 그래서 이 용어는 '국가에 도움을 주는 사람'에 대한 환유적 표현으로 사용됐다. 이를테면 '바지저고리'가 '스스로의 의지가 아니라 남이 시키는 대로 로봇처럼 행동하는 사람'에 대한 환유로 사용되는 것과 같은 맥락이다.

한편 국가를 위해 거금을 투척할 수 없었던 가난한 시민들은 국방을 담당할 군인으로 자식들을 바쳤다. 자식은 '프롤레스(Proles)'다. 이렇게 국가를 위해 오직 '프롤레스'만을 바칠 수밖에 없는 계층을 '프롤레트리우스(Proletrius)'라고 불렀는데 이 말은 오늘날 노동계급을 일컫는 '프롤레타리아(Proletariat)'가 되었다. 클래식과 프롤레타리아는 전혀 별개의 용어처럼 보이지만, 어원을 추적해 보면 로마 시대의 국력을 떠받치고 있었던 사회제도에 그 뿌리가 있었음을 알 수 있다.

이마미치는 국가적 위기에 함대를 기부할 수 있는 상황을 인간의 심리적 차원에 대입해 볼 수도 있다고 말한다. 즉 우리 개개인도 언젠가는 정신적인 위기를 맞을 수 있는데, 그 일을 힘들어하는 개인에게 마치 함대를 기증하는 일처럼 정신적인 힘을 주어 위기에서 벗어날 수 있도록 해 주는 것이 있다면 그것이 책이든 음악이든 그림이든 그것에 '클래식'이라는 이름을 붙여 부를 수 있다는 것이다. 오늘날 클래식은 좁은 의미에서는 고전음악을 지칭하고 일반적인 의미에서는 '고전 일반'을 가리킨다. 우리나라나 일본에서는 이를 '고전'이라고 통칭한다. 그러므로 고전은 우리가 선망하며 꿈꾸는 귀족적인 것들을 가리키는

종로 쪽에서 본 낙원상가 정면
'허리우드 클래식 · 서울아트시네마'라는 간판이 시선을 사로잡는다.

대명사임에 틀림없다. 그렇다면 영화에서의 클래식이란 무엇일까? 로마 시대에 국가에게 함대를 헌상했던 귀족이 모든 시민 계급의 전범이었듯, 삶의 위기로부터 우리를 벗어나게 도움을 주며 상처난 삶에 새살이 돋도록 감싸 주는 귀족적인 영화가 있다면 우리는 그것에 클래식이라는 말을 붙이는 데 주저할 필요가 없을 것이다.

서울시 종로구 낙원동 284-6, 낙원상가 4층에 '허리우드 클래식'이라는 이름의 극장에 가면 고전영화들을 감상할 수 있다.

내가 이곳에 들렀을 때는 앨런 래드 주연의 「셰인」을 상영하고 있었다. 티켓을 구입하니 입장권과 허리우드 클래식 무료 초대권 한 장, 음료 교환권을 끼워 준다. 이를 다 합한 요금이 2000원이다. 무료 초대권

35밀리미터 영사기 포드(Ford)
허리우드 클래식에서는 영화에 따라 디지털 영사기와 실제 필름을 걸어 영사해 주는 포드, 두 가지를 사용하고 있다.

은 매주 월요일 오후 5시 20분부터 시작하는 영화를 무료로 감상할 수 있는 좌석 교환권이고, 음료 교환권은 극장에 입장하기 전에 극장의 봉사요원들이 제공하는 차나 간단한 입맛거리와 교환할 수 있는 티켓이다. 상영되는 영화 목록, 요금, 극장의 시설과 봉사 시스템 등 모든 것이 노인을 위해 마련되어 있다는 느낌을 준다. 물론 티켓 구매소의 요금표에는 일반인 7000원이라고 표기되어 있지만 젊은이들은 거의 찾아볼 수 없다.

허리우드 클래식의 김은주 대표는 탑골공원에서 할 일 없이 배회하는 노인들을 보며 가슴 아파하다가 2008년 1월, 이곳에 실버 영화관을 꾸미기로 결심했다고 한다.

허리우드 극장을 인수하고 매일 극장에 출근할 때마다, 그리고 인근 지역을 지날 때마다 가슴 한쪽이 무거웠습니다. 추운 겨울에 갈 곳이 없이 길바닥에서 장기를 두시고 양지바른 곳을 찾아 햇볕을 쬐는 어르신들이 다 내 부모님 같았습니다. 어르신들을 위한 어르신들만의 공간이 있으면 얼마나 좋을까 수도 없이 생각하고 또 생각했습니다. 그때 머리를 스쳐 지나간 것이 실버 영화관이었습니다. …… 90년대 이후에는 탑골공원을 중심으로 노인들의 중심지가 된 이곳 종로에 우리의 영웅 노인들이 눈치 안 보고 편히 쉴 수 있는 공간을 늘려야 합니다. 허리우드가 앞장서겠습니다.

— 2010년 3월 31일, 허리우드 대표 김은주, 〈실버 영화관〉 홈페이지 인사말 중

2011년 현재, 허리우드 클래식은 특정 기관의 후원을 받고 있으며 그 총액이 얼마인지 알 도리는 없다.

영화가 시작된 후 들어간 터라 나는 더듬거리면서 빈자리를 찾았다. 오래된 필름이라 영상은 흐렸고 스크린은 비가 내리는 것처럼 스크래치 현상으로 일렁였다. 젊은 시절에 그렇게도 멋있게 보였던 앨런 래드나 잭 팰런스, 고혹스럽기까지 했던 진 아서는 옛날의 그들로 보이지 않았다. 의상은 촌스러웠고 설정된 상황도, 화면의 미장센도 엉성했다. 선량한 농장주들이 악당들로부터 약탈을 당하고 괴롭힘을 당하는 장면에서도 조바심은 일지 않았다. 영상과 이야기는 변하지 않았지만 나 자신이 많이 변했다는 생각이 들었다. 쓸데없이 눈만 높아지고 세파에 가슴만 말라 버린 듯했다.

허리우드 클래식 안 오른쪽 입구에 마련된 다실(茶室)
이곳에 들르면 LP판을 턴 테이블에 걸어 흘러간 노래들을 들려 주는 자원봉사자 디제이를 만나 볼 수 있다.

　자신이 유명한 총잡이라는 사실을 숨기고 농장에 숨어들어 일하던 셰인. 그는 개척농장주 스탈렛이 악당들에게 시달리며 힘들게 농장을 꾸려 나가는 모습을 목격한다. 그러나 그는 자기가 총잡이였다는 사실을 숨기기 위해 스탈렛 부부가 악당들로부터 괴롭힘을 당하는 상황을 알면서도 참는다. 총으로 사람을 죽이는 일을 더 이상 하고 싶지 않았기 때문이다. 그러나 농장을 빼앗기 위해 악당 두목이 총잡이를 고용했다는 소식이 농장에까지 알려지자 셰인은 그들과 싸우기 위해 살롱에 가려는 농장주 스탈렛을 때려 기절시킨다. 그리고 악당이 기다리고 있는 살롱으로 향한 그는 능숙한 건맨다운 솜씨를 발휘해 악당을 소탕한 후 말을 타고 와이오밍의 어두움이 깃든 고원을 향해 표표히 떠난다. 이 서사는 셰인을 우상처럼 여기는 스탈렛의 꼬마 아들의 시점으로 전개된다. "제발 가지 말고 돌아오라"는 어린 소년의 외침이 영화의 엔딩 장면을 격정으로 몰아넣는다. 그러나 셰인은 돌아가지 않는다. 어느 틈엔가 농장주 아내인 마리안을 사랑하고 있고 그녀 역시 자기를 좋아하고 있음을 깨달았기 때문이다. 남의 아내를 탐한다는 것은 정의로운 사나이로서 있을 수 없는 일이다.

문명사회는 언제나 미개사회를 이기고 정의로운 사람은 언제나 악당을 물리치는 이원적 서사 구조를 띠고 있는 할리우드의 서부활극은 제2차 세계대전 이후 전 세계 사람들에게 미국의 이미지를 긍정적으로 심어 주는 중요한 매체가 되어 왔다. 「셰인」의 마지막 장면은 그러한 서부활극의 정수를 에누리 없이 보여 준다. 보통 사람이라면 기절한 뒤 겨우 깨어난 농장주를 만나 악당들을 자신의 손으로 소탕했음을 겸손 어린 표정에 담아 알리는 한편, 사랑하는 여인을 한 번 더 눈에 담고 떠날 수도 있을 터인데 그는 뒤를 돌아보지 않고 떠난다. 꼬마의 애절한 부르짖음을 뒤로하고 떠나는 사나이 셰인은 단순히 영화 속 주인공이 아니라 전 미국인의 모델이라고 말하지 않을 수 없다. 미국인들은 언제나 남을 정의롭게 도울 뿐 아니라 오른손이 하는 일을 왼손이 모르게 하며 대의를 위해 자기의 살과 피를 공여하는 것을 정의라 여기기 때문이다. 이렇듯 청년 셰인이 홀연히 다가왔다 사라지면서 영화는 끝이 난다. 내가 만일 셰인이었다면 그렇게 댄디하게 떠날 수 있었을까?

프랑스 철학자 장 보드리야르는, 디즈니랜드는 미국인들이 자신들의 어린애 같음을 감추기 위해 만들어진 시설이고 서부활극은 자신들이 그렇게 멋있는 사람이 아니라는 사실을 감추기 위해 제작되었다고 말한다. 셰인과 같은 사람은 미국에 존재하지 않는다는 사실을 은폐하기 위해 할리우드 영화가 만들어졌다는 것이다. 「오케이 목장의 결투」, 「하이 눈」, 「자이언트」 등의 서부활극은 한결같이 이러한 이항대립적인 구조를 띠고 미국인들의 정의를 전 세계 사람들에게 심어 주었다. 한때 할리우드 영화는 스펙터클과 서사의 측면에서 한국 관객의 욕망에 가장 충실한 해답을 제공하는 공급원으로 기능한 적이 있었지만, 이제는 그 영화들이 제작된 1950년대로부터 많은 세월이 흘렀다. 그동안 미국의 영화계도 변했지만 한국의 관객은 더 많이 변했다. 특히 내 자신이 가장 많이 변했다고 말하는 편이 옳을 것이다. 그래서인지 영화는 끝났지만 셰인은 더 이상 가슴속에 영웅으로 자리 잡지 못했다. 셰인은 미국은 물론 한국에도 존재하지 않는, 다만 스크린 위에 일렁이는 하나의 이미지에 불과했다. 십 대 후반에 보았던 그 셰인은 이제는 가슴에 남아 있지 않았다. 그만큼 나는 꿈과 이상을 잃어버리고 산전수전을 겪은 지극히 현실적인 감각을 지닌 노인이 되어 버린 것이다.

실버영화를 보고 극장을 떠나는 나의 뒷모습을 어떤 소년이 보았다면 나를 클래식 영화를 사랑하는 예술가적 취향을 가진 멋쟁이 할아버지로 볼까 아니면 처진 어깨선에서 피어오르는 고독한 노인으로 볼까. 후자의 눈길을 던질 것이 틀림없다. 영화의 질적 수준과는 상관없이, 종합 상영관의 이용객인지 재생영화 상영관의 이용객인지가 문화 향유 계층을 재는 척도가 되어 버린 시대에 우리가 살고 있기 때문에 그렇다고 말할 수 있다.

그러나 이 극장은 그러한 고독과 처량함으로 주눅 들어 있는 노인들을 한껏 위로한다. 왜냐하면 그 자체가 단순한 극장이 아니라 조악한 작품의 상영을 단연코 거부하는 '(허리우드) 클래식'이기 때문이다. 또한 관객들이 비록 2000원의 입장료조차도 겨우 내는 가난한 노인일지언정 그들을 윽박지르며 분리수거된 폐기물처럼 취급하지 않고 최고의 예우로 차를 대접하며 아무나 범접할 수 없는 최고의 계층인 클래식으로 격상시켜 불러 주는 곳이기 때문이다.

상영관에 조명이 들어오고 일어서는 관객들을 보니 어림잡아 200명 정도로 절반이 넘는 노인이 여성이었다. 나이를 먹어도 남성보다 여성이 정서적으로 더 풍부한 것일까. 영화가 끝나고 로비에서 차를 마시는데 프랑스의 희곡 작가 이오네스코의 연극 「의자들」이 생각났다. 이 연극에는 늙은 부부 역을 담당하는 두 배우만 등장한다. 연극은 노년의 부부가 지니고 있는 허무, 고독과 소외, 그것들을 메우려는 끝없는 언어 놀이와 환상 창조, 이에 비례해서 점점 쌓여 가는 빈 의자들을 보여 준다. 그러나 쌓여 가는 의자들은 노부부의 실존을 위해 만들어진 즉자적인 타자에 불과하다. 그러므로 비어 있는 의자들이 무대 위에 남은 노부부를 풍요롭게 하기보다는 역설적으로 그들을 고독과 초라함, 소외와 죽음의 영지로 내몬다. 마침내 이 환상적이고 몽환적인 공간 안에 육군대령에 이어 황제까지 등장한다(실제로는 인물이 등장하지 않고 의자만 추가된다).

노인: 신사, 숙녀 여러분 일어나 주십시오. 우리의 존경받는 왕이신 황

제 페하께서 여기 우리 가운데 오셨습니다. 만세! 만세!

노파: 만세! 만세!

　낙원상가의 실버 영화관 '허리우드 클래식'은 우리 같은 노인을 진정으로 클래식하게 예우하는 곳일까 아니면 이오네스코의 부조리 연극처럼 김은주 대표의 의도와는 반대로 결과적으로 노인을 더욱 고독하고 초라한 영지로 추방하는 곳일까.

　그러나 유감스럽게도 김은주 대표가 노인을 위해 마련한 클래식한 공간 안에는 로마 시대 국가를 위해 기꺼이 함대를 쾌척했던 귀족은 없다. 대신 2000원의 요금조차 힘들게 지불하는 노인들이 우글거릴 뿐이다. 그래서 '허리우드 클래식'은 클래식을 강조하면 할수록 노인들이 상대적으로 더 초라해지는 부조리한 공간이자 역설이 발생하는 공간이다. 김은주 대표가 어찌 이러한 사회심리학적 구조를 몰랐다고 할 수 있을까. 그러나 그녀는 오갈 데 없고 추위에 떨고 있는 노인들을 진정으로 위로하며 예우해 주고자 하는 따뜻한 가슴만이 그 부조리함과 역설이 혼재된 공간을 녹여 낼 수 있으리라고 여겼을 것이다. 사랑은 이세상 그 어떤 것보다 항상 더 크다는 믿음과 함께.

8

현대판 기로소, 서울노인복지센터

'기로(耆老)'라는 말은 이제 우리에게 매우 낯선 용어가 되었다. 나이 예순을 의미하는 '늙을 기(耆)'와 일흔을 뜻하는 '늙을 노(老)가 합한 단어 '기로'는 나이 지긋한 노인을 일컫는 말이다. 그러나 오늘날 노인을 위해 이 단어를 사용하는 사람이나 기관은 거의 없다. 사용되지 않는 단어란 그 시대의 특정 개념으로서의 언어적 기표성이 사라졌다는 뜻이다. 따라서 기로라는 말은 우리에게 낯설게 다가올 수밖에 없다.

홍익대학교 역사학 전공 교수였던 박상환의 저서 『조선시대 기로정 책 연구』에 따르면, 고려 말과 조선조 초기에 있었던 기로소는 연로한 분들의 모임으로 국정의 원로 역할을 담당했으며 왕을 보필하여 실질 적으로 정책 자문역을 해 왔다고 한다. 조선왕조를 세웠던 태조 이성계 도 그의 나이 60세에 기로회에 가입했고 숙종, 영조, 고종 또한 60세를 넘겨 여기에 가입했다는 기록이 남아 있다.

신하들의 경우 당상관 문신으로서 정2품 품계 이상의 고급 관리와 70세 이상인 자에게 가입 자격이 주어졌다. 당상(堂上)이란 말 그대로 임금이 정사를 논하는 대청마루(堂) 위(上)를 말하므로 '당상관'은 왕과 더불어 대청에 올라 정치의 중대사를 논하는 정치적 책임이 있는 관서의 장을 말한다. 오늘날의 국무회의에 참석하는 정관 정도의 직위에 해당한다고 보면 크게 다르지 않을 것이다. 그러므로 '기로'는 상당한 식

궤장(几杖), 경기도박물관
당상관은 나이 일흔이 넘으면 은퇴하게 되는데 왕이 그 신하의 능력을 아껴 은퇴를 만류하는 관례가 있었다. 그때 왕은 신하에게 은퇴를 만류하는 징표로 편히 앉을 수 있는 의자(几)와 지팡이(杖)를 하사했다.

견을 지녔고 인품이 출중하며 높은 관작(官爵)을 가졌던 어르신에게 부여된 호칭이었다.

그러나 이들이 왕의 정치적 판단에 끼치는 영향력이 너무 크다고 느낀 태종(이방원)은 기로회의 권한을 약화시키기 위해 이 기구를 아문화(衙門化, 공적 기구화)했다. 말하자면 그때까지 비상설기구였던 기로회를 '전함재추소(前銜宰樞所)'라는 다소 거창한 이름을 붙여 공식적인 행

정 기구로 왕의 통치 조직 안에 편입시킨 것이다. 그리고 기로들에게 '기로 당상관'이라는 칭호를 부여했다. '전함(前銜)'이라는 말은 오늘날 전직(前職)이라는 말이므로 '전함재추소(前銜宰樞所)'란 쉽게 말해 '전직 고위 공직자들을 모시는 곳' 정도의 의미다. 이 기구는 세종 10년에 다시 '기로소'로 명칭이 바뀌면서 운영을 위해 전답 100결(1결은 대략 4500평에 해당), 노비 50명, 공문의 수발과 일반 행정을 담당할 20명의 행정관 등을 배속시켰다. 왕립 미술학교쯤 되는 도화원(세조 이후에는 도화서로 명칭 변경)이나 오늘날의 병원에 해당하는 혜민국에는 전답을 2, 30결 정도 지급했던 것과 비교해 보면 세종은 기로소에 비교적 넉넉한 배려를 했다고 볼 수 있다. 대신 그때까지 기로들에게 부여해왔던 정치적인 색깔을 걷고 기로소를 하례와 연회의 성격으로 위상을 한정했다. 지금은 흔적도 찾아볼 수 없게 되었지만 기로소는 종로1가 청진동 근처에 자리 잡았던 것으로 알려져 있다. 광희3년(1909)에 완전히 폐지되었는데 지금부터 약 100년 전, 한일강제병합 1년 전의 일이었다.

불과 1세기의 세월을 거치면서 '기로'가 낯선 용어가 되었다는 것은 그 말에 작동하던 사유의 중심 축이 급격하게 이동했음을 의미한다. 이는 단순히 '조선'에서 '대한제국'으로, '대한제국'에서 '대한민국'으로 국가의 명칭이 달라졌기 때문이 아니라 효제충신으로 대변되는 유교적 정치체계에서 자본주의에 기반한 자유시장경제 체제로의 전환과 모더니즘에서 포스트모더니즘으로의 전환에서 오는 현상이라 말할 수 있을 것이다. 달리 말하자면 우리는 유교적 관념론을 버리고 자본주의의 유물론을 받아들였으며, 원본에 아우라를 두고 그것과 얼마나 닮았는가에 따라 가치를 부여해 왔던 재현의 논리 대신 원본과 가치 우열이 없이 우리 모두가 서로 닮아 있을 뿐이라는 상사(相似, 시뮬라크르)의 논리에 더 관심을 갖게 되었다는 것이다. 기로는 관념론과 재현의 논리에 기반한 제도였기 때문에 이에 대한 사유가 바뀐 지금 이 용어를 사용하지 않게 되었다는 점은 어떤 의미에서는 너무나 자연스럽다.

기로를 '나이'라는 양적 개념이 아닌 인생의 무게감으로 계량하고자 하는 사유는 관념론이다. 그러나 기로를 나이로 셈하거나 체중계에 올려놓고 그 무게가 몇 킬로그램인지 재려는 사유는 유물론이다. 그리고 기로를 삶을 통해 닮고자 노력하는 모델로 설정하려는 사유는 재현론이고 기로를 그저 여러 사람 중 하나로 보려는 사유는 상사론이라 말할 수 있다. 그러나 누가 이 시대에 노인의 삶을 무게감으로 평가하려고 하며 또 누가 노인을 자기 삶의 롤모델로 삼으며 닮기를 바랄까. 우리의 사유는 이렇게 급속한 변화의 썰물을 겪게 되었다. 이제 노인이 국정을 논하고 많은 사람들에게 하례를 받으며 연회의 주인공으로 등장하는 일은 현실이 아니다. 그 반대로 자본주의 사회에서 자본을 생산하는 일에 기여하지 못하고 오히려 소모하는 주체가 됨으로써 이 시대의 노인들은 사회적 문제 집단으로 전락하고 말았다.

'서울노인복지센터'는 서울시가 노인 문제에 대안을 마련하기 위해 설립한 공적 시설이다. 처음에는 2002년 한일 월드컵 대회를 앞두고 파고다공원을 성역화하기 위해 그곳에 모여 있었던 노인들을 수용할 목적으로 세웠지만, 설립 10년째를 맞은 지금은 단순히 오갈 데 없는 노인들을 수용하는 일차적인 목적에서 벗어나 다양한 복지 프로그램을 운영하는 비교적 적극적인 기관으로 자리를 잡았다. 조선시대에 기로소가 있었다면 지금은 '서울노인복지센터'가 있다고 견주어 말할 수 있으면 좋으련만 두 기관의 위상은 대칭성을 잃어버릴 정도로 너무나 다른 모습이다. 당시 기로소가 소수의 연로한 엘리트들 혹은 정치적 현자들의 모임이었다면 오늘날의 노인복지센터는 공경보다는 노인 집단을 위한 복지와 관리의 성격으로 전락했다. 불과 한 세기를 거치는 동안, 노인들은 공경받는 위치에서 사회적 관리를 받아야 할 대상으로 그 위상이 바뀐 것이다. 우연의 일치인지 모르겠지만, 서울노인복지센터는 옛날 기로소가 자리 잡았던 종로구 수송동에서 직선거리 1킬로미터

서울노인복지센터 전경
지하철 3호선 안국 역 5번 출구로 나와 낙원상가 쪽으로 약 45미터 정도 걸으면 우측에 자리 잡고 있다. 건물 뒤쪽으로 별관이 있는데 여기는 이미용 시설과 샤워 시설, 도서관, 노인 취업 훈련실 등의 복지후생 시설을 위한 공간이다. 본관 2층에 두 건물을 잇는 연결 통로가 있다.

미만인 서울 종로구 경운동에 있다. 맞은편 운현궁 SK 허브와 아랍문화원 사이에 위치한 건물이 바로 그곳이다.

서울노인복지센터는 서울시 복지건강본부 노인복지과에서 대한불교 조계종 사회복지재단에 위탁한 형식으로 운영되고 있는데, 2011년 현재 서울시 지원 규모는 연간 약 21억여 원이다. 운영비는 서울시 지원금 외에도 재단 자체의 분담금과 그밖에 여러 기관과 개인 후원으로 조성되기 때문에 매년 조금씩 그 규모가 다르다. 이 기관에서는 크게 두 가지 사업이 이루어진다. 하나는 하루 약 2000명에게 제공되는 무료급식이고 또 하나는 복지센터를 중심으로 이루어지고 있는 다양한 프로그램들이다.

이 두 가지 성격을 메슬로우의 피라미드형 욕구의 5단계에 배분해서 설명할 수 있다. 메슬로우는 인간의 욕구를 삼각형으로 이루어진 다섯 개의 하이어라키(Heirarchy)로 설명하면서 밑변에 생리적 욕구를 두고 꼭지점을 향해 차례로 안전의 욕구, 사랑과 귀속의 욕구, 자존의 욕구, 자아실현의 욕구 등을 배치해 욕구의 단계를 도식화했다. 그는 인간의 욕구란 계단을 올라가는 일처럼 이전 단계의 욕구를 충족시키지 못하면 다음 단계의 욕구에 이를 수 없다고 보았다. 이를테면 생리적 욕구는 먹고 마시고 자고 성행위를 하는 등 살아 있는 유기체가 생존을 위해 갖는 기본적이고 필수적인 욕구이기 때문에 이 문제가 해결되지 않으면 한 개인이 아무리 인간적인 삶을 살고자 애써도 동물 차원을 벗어날 수 없다는 것이다. 그의 논리에 따르면 무료급식은 노인들의 생리적 욕구를 충족시킬 수 있는 가장 기본적인 서비스에 해당한다. 소위

"인간은 빵만으로 사는 것이 아니다."라고 했을 때 '빵'에 해당하는 서비스이다.

나머지 프로그램들은 생리적 욕구 다음 단계의 욕구, 즉 빵 이외의 욕구가 채워지기를 갈망하는 노인들을 위해 제공되는 복지 서비스라고 할 수 있다. 센터에는 노인 취업 훈련실, 샤워실, 이미용실, 도서관, 청각장애인 휴게실, 병원 연계형 진료 및 건강 서비스실, 물리치료실, 체력단련실, 스포츠 오락실, 가요무대, 실버 라디오 방송실, 서예 활동을 위한 다양한 자유이용 시설들이 있다. 무엇보다 핵심적인 프로그램으로 이러한 하드웨어적인 시설들과 연동된 문화적 주제의 교육과 동아리 활동이 기획되어 있다. 이를테면 외국어, 컴퓨터, 서예, 소셜 댄스, 그림 그리기 등 40여 개의 소프트웨어적인 프로그램들이 진행된다. 센터에서는 이 프로그램을 기반으로 성장하고 있는 30여개의 동아리 활동도 적극적으로 지원하고 있다.

그러나 센터의 지원이나 노인들의 활발한 참여에도 불구하고 이곳에서 이루어지는 모든 활동이 덧없다는 느낌을 떨쳐 버릴 수가 없다. 이러한 프로그램들은, 마치 못에 걸어 놓은 외투가 못이 빠지면 못과 함께 바닥에 떨어지는 것처럼 개인의 활동이 아무리 자아실현의 욕구 차원에까지 이른다 할지라도 이미 노인 자체가 생산성의 주체가 아니라 소멸의 주체이기 때문에 그렇다는 것이다.

이렇게 본다면 서울노인복지센터는 이 시대의 노인들을 생물물리학적인 관점에서 보고 시혜와 관리를 담당하고 있는 기관이지 궁극적으로 인간의 자아실현을 돕기 위해 마련된 텃밭이라고까지 의미를 확장하기에는 다소 무리가 있다.

　이곳에서 제공되는 어떤 서비스든 그 혜택을 받으려면 회원이 되어야 한다. 65세 이상의 고령자는 누구라도 언제든 신청할 자격이 있고 매주 화요일과 금요일에 실시하는 이용안내 교육을 이수하면 그 자리에서 회원증을 발급받을 수 있다. 반드시 서울 시민이어야 한다는 제한은 없지만 실질적으로 가입 회원의 약 76퍼센트가 서울 시민이다. 가입 조건을 정2품 이상의 당상관으로 제한했던 조선시대의 기로소에 비하면 지금의 서울노인복지센터는 누구에게나 동등한 인간 가치를 인정하는 민주적 평등주의가 구체적으로 실현되고 있는 공간이라고 말

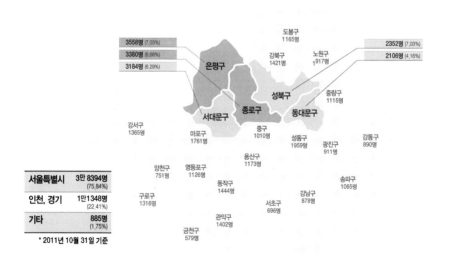

서울노인복지센터 가입 회원 분포 현황(2011.10.31.)
전체 회원 5만 627명 중 서울시 거주 회원이 3만 8394명으로 전체의 75.8퍼센트를 차지하고 있다.
경기·인천 거주 회원은 22.4퍼센트이다.

할 수 있다.

그러나 시설의 규모에 비해 이용을 원하는 노인들이 많아 평등이 주는 가치는 개인의 존엄과 연결되지 못한다. 노인 인구의 증가 현상은 분자를 고정시킨 상태에서 분모가 늘어남을 의미하기 때문에 그들이 가지고 있는 기대를 지각된 만족으로 바꾸어 내기 어려운 구조를 띠게 마련이다. 특히 베이비부머(1955~1963년 출생자)의 은퇴 시기가 절정에 이르면 지금의 수준보다 혜택이 줄어들어 노인들이 문제 집단이 될 가능성이 커진다. 지금도 그렇지만 그때가 되면 노인들은 지금보다 더 큰 사회적 문제를 지닌 집단으로 변할지도 모른다. 특히 한국 노인들은 배고픈 증세는 참을 수 있지만 배 아픈 증세는 참지 못하기 때문에 문제적 집단으로의 변화를 더욱 확신할 수 있다.

문제는 이러한 수요의 증가에 비례해서 수용 시설을 늘리고 복지 비용을 증액시킬 수 있는가다. 국가나 지자체가 비생산 집단에 투입 비용을 늘리기란 쉽게 결심할 수 있는 일이 아니다. 그리고 지금의 '서울노인복지센터'와 같이 한 공간에서 모든 노인 문제를 해결하려는 시도는 시간이 흐를수록 무모해질 것이다. 요구점이 발생하면 돈으로 해결하겠다는 일차적인 발상은 문제를 더욱 키울 가능성이 크다. 그것은 진정한 대안이 될 수 없다. 국가든 지자체든 이제 노인들에게 '빵'을 주겠다는 일차적인 관심에서 벗어나 개인의 자존이나 자아실현을 위한 사회적 프로그램 개발에 더 신경을 써야 할 이유가 여기에 있다. 시간이 흐를수록 '지적인 노인' 층이 늘어나 그들은 비록 굶더라도 빵만으로 결코 만족하지 않을 것이기 때문이다.

기로소가 조선시대의 산물이었듯, 서울노인복지센터 역시 우리 시대의 산물이다. 기로소를 유교적 이념 체계가 만들어 낸 자문기관이라고 본다면, 노인복지센터는 자본주의적이고 유물론적인 사유 체계가 만들어 낸 대안적 시설이라 말할 수 있다. 이러한 시대적 사명을 띠고 서울노인복지센터는 지난 10년 동안 서울의 노인들을 위해 괄목할 만한 헌신을 해 왔다. 그러나 경제적 여유가 없고 아무 일도 할 수 없으며 생물학적으로 쇠락해가는 무능한 대상으로 노인을 규정하여 이에 대해 규제하려 하는 한 지금과 같은 복지 시설을 끝없이 늘려 나가야만 한다. 그리고 이러한 시설과 투자가 늘어나면 늘어날수록 사회는 아름다운 부담 대신 견디기 어려운 고통에 시달리게 될지도 모른다. 실제로 노인 문제가 노인들로부터 발생하는 경우는 드물다. 젊은 자녀들의 반목과 불화의 한가운데 부양해야 할 연로한 부모가 자리 잡고 있는 사례는 주변에 수없이 많다. 이러한 심리적 구조를 국가 전체로 확대해 보면 지금과 같은 재정 투자와 물리적 시설 증대가 배타적인 대안이 될 수 없다는 점은 명백하다.

　문제는 지원 방법이다. 노인들을 개별자로 보고 그들의 어려움을 도와주려는 방식이 지금의 노인복지법이기 때문에 오직 개별 노인들의 인구통계학적인 신상 명세만이 중요한 관심거리다. 기본적으로 65세 이상이면 전철을 무료로 태워 주고 아프면 등급 심사를 거쳐 병원비와 약값을 지원하거나 보조해 주며 독거노인의 경우 자녀의 도움을 받을 수 없음이 증명되면 생활보조금을 지원해 준다. 또 치매에 걸리면 데이케어의 도움을 받을 수 있다. 이 얼마나 아름다운 사회적 헌신인가.

그러나 이렇게 노인 개개인을 대상으로 지원하는 제도가 활성화될수록 역설적으로 노인들은 가정을 떠나 더욱 고독한 개별자가 되어 갈 가능성에 더 많이 노출된다. 현재의 노인복지법은 노인들이 가족으로부터 버림 받고 고독하며 병이 깊고 경제적으로 무능하다는 점을 부각시킬수록 국가로부터의 더 많은 보조금을 받아 낼 수 있다는 점을 노인들이나 그 자녀들에게 학습시킨다. 그래서 이 법은 결과적으로 노인을 가족 구성원으로부터 개별자로 분리시켜 불러낸다. 현행의 노인복지법은 이처럼 국가를 이루는 단위가 가정이나 공동체가 아니라 개인임을 강조한다. 이는 지원 불가능성에 도전하는 무모한 정책이라 하지 않을 수 없다. 어떻게 한정된 국가의 재정으로 우주를 삼킬 만한 개인의 욕망을 채워 줄 수 있다는 것일까. 이러한 생각은 복지정책이 개별자(노인이든 영유아든)가 아니라 가정이나 공동체의 부활에 초점을 맞추어야 한다는 중요한 관점을 시사한다.

거친 표현일지 모르겠지만, 서울노인복지센터는 이러한 노인복지법이 낳은 '범생이'다. 그렇지만 끝없이 밀려드는 노인들을 미처 다 수용하지 못하고 있는 지금의 상황은 이와 유사한 성격의 기관이 더 증설된다 할지라도 개선되기 힘들 것이다. 복지센터가 모든 노인 문제를 직접 해결해 주는 기관이 아니라 노인들과 함께하는 가정과 공동체를 지원하는 간접 지원기관이 될 수는 없을까. 그래서 국가가 모든 개별자를 상대로 책임지려는 무모함으로부터 벗어나 가정과 공동체와 더불어 그 부담을 나눠지려는 정책으로 복지 문제를 바꿀 수는 없는 것일까.

무엇보다도 급식이든 프로그램이든 자신의 몸을 자기 의지로 움직일 수 있는 정상적인 노인들에게 제공하는 '무료 제도'를 없애야 한다. 비록 상징적 요금을 부과할지라도 그것이 우대일 필요가 있다. 그렇지 않으면 수혜자인 노인들을 비루하게 만들고 사물화하며 자생력을 잃게 해 결과적으로 사회적 부담을 증가시킨다.

노인들을 위한 복지의 철학을 지금부터 새롭게 정립해 나가지 않는다면, 국가는 가까운 장래에 노인 복지 때문에 활력을 잃게 될 날을 맞을 것이다. 서울노인복지센터는 시간을 앞당겨 그러한 어두운 미래를 우리에게 시각적으로 보여 주는 하나의 사회적 설치물이다.

3부

고독과 소외의 진짜 얼굴

종로3가 역사의 「고사관수도」 속 노인들은 기다린다. 그곳에서 나눠 주는 커피를, 운현궁의 맞은편에 있는 서울노인복지센터에서 제공하는 점심을, 집에 되돌아가도 좋을 오후 시간을, 그리고 병마가 찾아와 자리에 눕게 될 예기치 않은 시간을……. 왜 자기가 이 시간과 이 공간의 좌표대 위에 마방진처럼 내던져진 존재인가에 대해 명쾌하게 해명을 할 수 없는 한 강물을 내려다보는 그들의 시선은 내일도 모레도 거두어지지 않을 것이다.

9

잉여 인간, 잉여 얼굴

아브라함 링컨은 나이가 마흔이 되면 자기 얼굴에 책임을 져야 한다고 말했다. 달리 말하면 얼굴이 자신의 사회성을 반영한다는 뜻일 것이다. 그래서 사람들은 흔히 '표정 관리'라는 말을 쓴다. 결혼식장이나 파티에 가는 사람은 초상집에 가거나 법정에 입장하는 사람과는 다른 표정을 짓게 마련이다. 때와 장소에 따라 사회·문화적 환경이 개인에게 요구하고 있는 내용이 다르기 때문이다.

개나 돼지의 경우는 어떨까? 당연한 이야기겠지만 그들에게는 문화가 형성되어 있지 않으므로 표정을 다르게 관리해야 할 이유가 없다. 개나 돼지가 상황에 따라 어떻게 얼굴 표정을 바꿀 수 있겠는가. 이렇게 변해야 함에도 변함 없는 얼굴에 우리는 '잉여 얼굴'이라는 말을 붙일 수 있다. 물론 무엇을 주된 것으로 간주하느냐에 따라 '다 쓰고 난

나머지'라는 의미는 달라지게 마련이다. 인간의 경우 사회적으로 보다 가치 있는 것을 주된 것으로 본다면 그러한 가치가 쓰이고 남은 여백 부분이 '잉여'일 것이다. 이를테면 원하는 책을 사고 남은 돈, 계획했던 시간보다 일이 빨리 끝나 남은 시간, 더 이상 먹을 수가 없어서 남은 음식 등이 '잉여'다. 얼굴의 표정은 어떨까. 어떤 것이 주된 표정이고 어떤 표정이 여백이 될 수 있을까.

인간은 사회적 동물이다. 따라서 사회적 관계와 어떤 연관성을 통해 만들어진 표정을 주(主)이고 가치 있는 것이라고 한다면, 그렇지 않은 얼굴에서 그 나머지를 읽을 수 있다. 말하자면 얼굴에서 사회적인 표정을 소거시키면 그것을 '잉여 얼굴'이라 할 수 있다.

영국의 문화연구가인 레이먼드 윌리엄스는 문화란 '삶의 방식(a particular way of life)'이라 간단하게 정의한다. 집에서 기르는 개나 고양이는 허구한 날 똑같은 사료만 주지 말고 자기들이 골라 먹을 수 있도록 뷔페나 코스 요리로 달라고 주인을 조르는 법이 없다. 동물의 입과 먹이 사이에는 '먹는 방식'이 끼어들 공간이 없기 때문이다. 그러나 사람은 다르다. 요리하는 방식, 먹는 방식, 또 그 방식을 충족시켜 줄 각종 조리기구와 식기류, 포크와 젓가락 같은 보조도구들이 입과 음식 사이의 공간에 끼어든다. 이렇듯 문화는 삶의 방식으로 인해 형성된다. 그러므로 인간이 지닌 각종 삶의 방식에는 어느 상황에서 어떤 표정을 지어야 한다는 방식 또한 당연히 끼어들게 마련이다.

프랑스의 철학자 질 들뢰즈와 펠릭스 가타리는 공동 저술한 『천개의 고원』에서 얼굴은 그 자체로 '잉여'라고 말했다. 결혼식장은 기쁨의

'기표'가 그려지는 캔버스와 같은 것이라 할 수 있는데, 캔버스는 그 자신이 스스로 그림을 그릴 수 없으므로 그 자리에 참여하는 사람이 자기의 주체성이라는 붓을 가지고 기쁨을 그려 넣지 않으면 안 된다는 것이다. 그러므로 '기표는 자신에게 필요한 캔버스를 스스로 만들 수 없고, 주체 역시 캔버스 없이 그림을 그릴 수 없다.'라는 것이 그들의 주장이다. 결혼식장이 캔버스가 되고 여기에 참여하는 하객들이 기쁨을 그려 넣어 결혼식장이라는 장소 자체가 흥겹고 기쁨이 넘치는 표정을 갖는 일처럼, 눈·코·입·얼굴 윤곽이 캔버스가 되고 여기에 사회적 기표들이 붓이 되어 그림을 그려야 비로소 얼굴이 완성된다는 말이다.

이처럼 들뢰즈와 가타리는 눈·코·입·얼굴 윤곽 등의 캔버스와 사회적 기표로서의 붓이 결합해야만 '얼굴성'이 형성된다고 주장한다. 이렇듯 '머리'와 '얼굴'을 구별했는데, 즉 '머리'는 몸통에서 튀어나온 신체의 물리적 부분일 뿐이고 '얼굴'은 그 머리에다 사회적 기표(환경)를 그려 넣은 그림이라는 것이다. 이때 사회적 기표와 같이 움직이지 않는 상태의 얼굴을 '잉여 얼굴'이라고 부를 수 있을 것이다. 기쁨이나 슬픔, 또는 진지함이나 괴로움이 주는 실제 상황을 선별하는 정서적 공명이 일어나는 그림(얼굴 자리)을 만들어 내지 못한다면 그것은 비어 있다고 말하거나 쓸모에게 자리를 양보하고 남아 있는 '나머지'라고 할 수 있는 위치에 불과하다는 점에서 그렇다.

이 문제를 다른 각도에서 검토해 볼 수도 있다. 생산 라인에 투입된 노동자가 있다고 가정해 보자. 그는 벨트 위를 흐르는 제품 중 결함이 있는 제품을 솎아 내는 일을 담당하고 있다. 이때 그의 행위를 두 가지 측면으로 나눠 생각해 볼 수 있다. 그가 팔을 뻗어서 불량 제품을 라인 밖으로 뽑아낼 때 그의 팔 운동을 노동자 개인의 자유성에 귀속시킬 것인가 아니면 고용주가 매입한 노동 가치에 묶을 것인가 하는 문제다. 팔다리의 움직임이나 불량품을 발견하는 눈동자의 움직임 등은 한 개인의 육체적 활동임이 틀림없지만 그것이 기업주의 통제 아래 들어가게 되면 그 움직임은 노동 가치를 띠면서 흔히 경제적 가치, 즉 임금으로 환산된다. 아이디어나 실천 의지 등의 생각, 또는 웃음이나 친절로 나타나는 개인적인 감정 등도 이와 다르지 않다. 미국의 사회학자인 앨리 러셀 혹실드는 우리 삶 속에 감정을 사용하는 개인적인 방식이 변형되어 감정이 노동으로 관리되면서 경제적 가치를 갖게 되는 현장을 주변에서 얼마든지 목격할 수 있다고 주장한다. 그리고 3차 산업인 서비스업이 증가할수록 이러한 현상이 커질 것이라 전망한다. 대표적인 예로 그는 항공사의 승무원을 꼽았다. 승무원들에게는 몸에 밴 미소와 친절 그 자체가 노동이 된다는 것이다. 사적으로 피곤하고 짜증나는 일들이 가득해도 그들은 자신의 감정을 분리해 노동으로서의 미소와 친절로 승객들을 대하지 않으면 안 된다. 혹실드는 '우리가 내재적이라고 여긴 감정들은 언제나 사회적 형태로 만들어지고 이용되어 왔다.'라고 말한다. 승무원들은 미소와 친절조차도 어느 상황에서 어떻게 보여야 하는지 사전 교육을 통해 엄격하게 훈련받는다.

링컨은 혹실드처럼 그것이 지니고 있는 노동 가치를 냉정하게 분석해서 논리를 세우지는 않았지만, 내 몸과 내 생각과 내 감정이 개인에게 속하기보다는 사회를 향해 공적 차원의 행위로 연결되지 않으면 안 된다는 점을 동일하게 지적하고 있다. 이처럼 개인에 속한 정서가 개인을 떠나 공공성을 가질 때 정치지도자나 단체의 장, 기업주에 의해 통제 가능한 영역으로 전이되면서 임금으로 환산되어 노동 가치를 갖는다. 그리고 문화를 만들어 나간다.

만일 얼굴 표정이 수행하는 공적 차원의 행위를 회수해서 개인적인 차원의 행위로 환원하면 어떻게 될까. 이를테면 내 몸, 내 생각, 내 감정이 나 자신에게 속해 있다는 이유를 들어 사회적 요구를 무시하고 자신의 욕구에만 이들을 내맡긴다면 어떠한 현상이 일어날까. 얼굴성을 개인의 차원으로 회수해 버리면 주체성은 확립될지 모르지만 인간이 지금까지 구축해 온 문화 일반이 허물어지는 엄청난 사태가 일어날 것이다. 지금까지 말해 온 들뢰즈나 가타리, 혹실드의 논리에 동의한다면, 노동의 현장을 상실해 버린 사람들의 경우 그들의 '얼굴'이 어떻게 변질될 수 있는가를 유추해 낼 수 있다. 말할 필요도 없이 그들에게는 표정을 관리해야 할 사회적 요구가 줄어들기 때문에 얼굴이 신체 기관인 머리로 인식될 가능성이 커진다.

구조조정이나 은퇴로 인해 노동의 현장성을 잃어버린 사람들은 더이상 감정노동자가 아니며 상대적으로 감정노동자일 필요성도 줄어든다. 따라서 표정을 극적으로 관리해야 할 사회적 압력으로부터 벗어나면서 들뢰즈와 가타리가 말한 소위 '잉여 얼굴'이 될 수 있다. 링컨 식으로 말하자면 더 이상 자기 얼굴에 책임져야 할 일이 없어진다는 말이다.

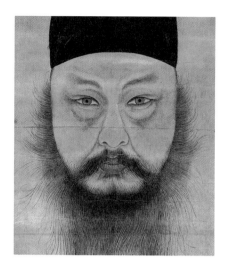

「자화상(自畵像)」, 윤두서, 17세기, 국립중앙박물관

동양화 화론 중 널리 회자되고 있는 전신사조(傳神寫照)는, 동진시대의 화가이자 이론가인 고개지에 의해서 제창되었던 화론에 기초를 두고 있다. 초상화를 그릴 때는 그 인물의 내면적 심리, 인격, 사상까지 그리지 않으면 안 된다는 화론이다. 특히 시선을 의식의 흐름으로까지 보았기 때문에 눈빛에 초점을 맞춰 그것을 표현하려고 애썼다. 이렇게 보면 결국 이 초상화는 윤두서의 내면의 세계를 공적인 영역으로 이끌어 낸 결과물이라고 할 수 있다.

　사람들은 흔히 꾸민 표정은 자신의 것이 아니며, 그러한 사회적 압박으로부터 벗어난 상태의 표정이 진정한 자기 표정이라고 말한다. 이러한 주장은 부분적으로는 옳다. 삶 자체가 자기에게 속한 것이라고 믿는 사람들에게는 특히 그렇다. 그러나 우리의 삶 자체를 우주적 관계 속에서 해명하려는 사람들은 우리가 사회적 존재이며, 사회적 기표가 붓이 되어 그려 낸 '얼굴 표정'에 진정한 자아가 숨어 있다고 믿는다.

　자아란 무엇일까. '스스로 자(自)'자와 '나 아(我)', 쉽게 말해 '나'다. 자아가 나의 중심이고 장소적으로는 나의 육체에 속해 있다는 점은 분명하지만 자아를 구성하고 있는 내용에는 타자가 들어와 있다는 것이

유식불교나 현대 정신분석학자들의 주장이다. 내 것임이 분명한 자아 속에 사회적 욕망이 가득 채워져 있다는 것이다. 우리는 언제나 타자가 원하는 무엇이 되어야 했다. 어린 시절에는 부모의 마음에 들도록, 학창 시절에는 스승의 기대에 어긋나지 않도록, 사회인이 되어서는 직장 상사가 기대하는 바람직한 사람이 되고자 애써 왔다는 사실을 기억하는 사람들은 자아가 얼마나 타자의 논리에 맞춰 가변적이었는가를 회상할 수 있을 것이다. 무엇이 자아인지 다시 생각해 보면, 본질적으로 순수하게 자기에게만 속해 있기란 거의 불가능하다는 사실과 조우하게 된다. 그리고 사회적인 기대나 요구와 무관한, 전적으로 자신에게만 귀속된 표정을 지닌 얼굴이 진정한 자기 얼굴이라고 말하기 어렵다는 사실과도 만나게 될 것이다. 오히려 그 반대의 현상 속에서 진정한 얼굴을 만날 수 있다는 점에 동의할지 모른다. 우리는 가까운 친족이나 이웃의 죽음에서 이러한 현상을 직시할 수 있다. 임종을 앞두고 거의 완벽하게 사회적 기표로부터 해방된 표정에서 우리는 인간도 하나의 동물에 불과하다는 거부할 수 없는 사실을 목도할 수 있다. 그것이 진정한 자아를 반영한 얼굴일까.

아일랜드 출신의 현대 작가 프란시스 베이컨은 인간이 하나의 동물에 불과하다는 생각을 화폭에 담은 화가로 유명하다. 그는 자기의 자화상조차도 표정을 읽을 수 없도록 뭉갰다. 자아 의식을 가지고 있는 한 누구나 머리가 아니라 '얼굴'을 가지므로 얼굴을 정확하게 그리면 인간은 동물과 확연히 다르다는 점이 드러난다는 이유로 이를 배제하고자 했다.

「자화상(Self-Portrait)」, 프란시스 베이컨, 1971, 퐁피두 센터

　결국 인간이 지닌 덕망이나 위엄, 상냥함 혹은 화냄조차도 결국 머리 위에 그려진 사회적 그림으로서의 얼굴에 불과하다는 사실을 인정해야만 한다. 우리는 '머리'에서 '얼굴성'을 뺀 나머지 여백에 '잉여 얼굴'이라는 표현을 자연스레 사용할 수 있게 되었다.

　우리는 이러한 '잉여 얼굴'을 탑골공원에서 목격할 수 있다. 탑골공원은 안팎의 풍광이 완전히 다르다. 담 밖에는 운명과 사주를 봐 주는 타로점 천막이 있는가 하면, 서울전통문화예술진흥원에서 매주 토요일 오후 4시부터 개최하는 '토요문화나눔'이라는 북적거리는 행사도 있고, 허리우드 클래식이라는 극장도 있으며, 실버 세대들을 위한 저렴한 음식점과 군것질거리를 파는 노점상과 3500원짜리 이발소도 있다. 누워 있는 노숙자와 장기를 두는 사람들도 군데군데 있다. 그러나 파고다 공원의 내부는 한적하고 고요하다. 이 공간에는 사회적인 어떠한 요구나 압력도 없다. 한마디로 일본인들의 연기된 표정을 일컫는 '다테마에(建前)와 혼네(本音)'를 보여야 할 어떠한 필요도 발생하지 않는 사회적 진공의 공간이다.

거의 무표정에 가까운, 공적인 영역으로부터 '회수(回收)된 표정들'과 어둡게 들어간 눈, 주름살에 가려 읽어 내기 어려운 표정과 반쯤 벌어진 입을 보면 40세 이후 책임져야 할 얼굴을 그들은 더 이상 가지고 있지 않다는 지극히 당연한 사실을 새삼 깨닫게 된다.

탑골공원의 노인들은 노동의 현장에서 벗어난 잉여 인간들이고, 이제는 상황에 따라서 더 이상 접대용 표정을 지을 필요가 없는 잉여 얼굴의 소유자들이다. 그들은 자기 표정을 무대 위에서 끌어내려 자기의 몸으로 가져옴으로써 소외된 자신의 본모습을 되찾아 가는 중이다. 그러나 우리가 단지 생물학적인 존재가 아니고 사회적이고 문화적이며 언어적 존재라는 라캉의 상징계 논리를 받아들인다면 그들의 얼굴에서 실재계의 모습, 즉 인류가 문화적 존재로 성장하기 이전의 고고학적인 유물과 같은 동물적인 무표정을 얼핏 발견할 수 있다.

따라서 탑골공원은 역사적 유적지라기보다는 이 시대의 잉여 얼굴의 수납공간에 가까운 느낌을 준다.

10

종로3가 역의 관수도

1950년에서 1960년경에 젊은 시절을 보낸 사람치고 당시 세계를 열병처럼 휩쓸었던 무신론적 실존주의 사상에 매료당하지 않았던 이는 없을 것이다. 이 세계에 존재하는 모든 것들은 우연히 그 시간, 그 장소에 존재할 뿐이라는 '우연성'에 기반한 실존주의 사상은 마침내 '인간은 본질에 선행하는 존재'라는 촌철살인과 같은 아포리즘을 낳았다. 당시 사람들은 이에 대해 경악에 가까운 신선한 충격을 받았다.

칼이나 도마, 가위, 김치냉장고, 전자레인지, 진공청소기……. 제품은 생산 전에 반드시 콘셉트라는 것이 먼저 설정된다. 생산되어야 할 필요성은 반드시 생산되기 이전 단계에서 검토된다. 칼이나 가위는 무언가를 자를 필요성 때문에 생산되는 것이지 세상에 나온 다음 사용처에 대한 고민을 던지지 않는다. 이러한 콘셉트, 혹은 필요성이 바로 그 제품의 '본질(Essence)'이다.

그런데 '인간은 본질에 선행하는 존재'라는 말은, 세상에 존재하는 것들 중 인간만이 유일하게 그 본질이라고 할 수 있는 필요성보다 앞서 태어난(선행하는) 존재라는 뜻이다. 누구나 청소년기를 맞으면서 반항기에 접어든다. 독립적인 삶을 나름대로 이루어 내기 위해 내면(內面)의 아버지를 죽이는 상징 과정인 오이디푸스 콤플렉스를 겪으면서 자아가 형성된다. 하지만 수수께끼는 여전히 풀리지 않는다. 자신이 누구인지, 어디를 향해 가야 하는지, 무엇을 하지 않으면 안 되는지 삶의 본질을 도무지 알 수 없는 상태에 빠져 있기는 매한가지다. 왜 나는 고대 그리스의 음유 시인으로 태어날 수 없었을까. 왜 나는 중국의 진나라에 태어나 만리장성을 쌓는 노역부로 일하지 않게 되었을까. 왜 나는 중세 고딕 시대의 노트르담 사원의 건축기사가 되지 못했을까. 왜 나는 17세기 프랑스에서 태어나 나폴레옹과 함께 워털루 전쟁에 참전하지 않았을까? 왜 나는 분단 국가인 한국에 태어나 말년을 종묘시민공원에서 소일하고 있을까. 우리는 이같은 수많은 질문을 할 수 있다.

실존주의 철학자들은 이러한 인간의 운명적 현상에 '피투성(被投性, Throwness)'이라는 용어를 붙였다. 말하자면 인간은 태어나기 이전에 자유의지를 가지고 자기의 운명을 선택할 수 있는 필연적 존재가 아니라 다만 시대 상황 속으로 어느 날 누군가의 손길에 의해 우연히 던져진 존재일 뿐이라는 것이다. 이같이 우리는 '던져진 존재'이므로 어느 시대 누구라도 '본질에 선행하는 존재'일 수밖에 없다. 이러한 사상이 전제된다면 어떻게 살아야 하는가를 처음부터 알고 살아가는 사람은 없다고 확언할 수 있다. 이처럼 삶의 '본질'이 처음부터 주어져 있지 않기 때문에 우리는 태어난 다음에야 '본질'을 찾아 헤매는 번잡함과 혼란스러움을 감내하지 않으면 안 된다. 이 근본적인 문제의 해결을 위해 제일 손쉬운 방법은 자신을 시대 상황 속에 던져 넣은 이를 찾아내 그에게 '탄생의 본질'을 물어보는 것이다. 그러나 자신을 이 시간과 공간의 좌표대 위에 던진 이가 누구인지 모른다면 이 준비된 질문은 아무 소용이 없다. 기독교인은 그 손길이 창조주 하나님이라고 고백할 수 있다지만 다른 종교인이나 비종교인은 무신론적 실존주의자처럼 자신의 자유의지와 삶에 대한 책임의식을 가지고 스스로 묻고 스스로 답하는 고단함과 허무함을 이겨 내야만 한다.

지금 탑골공원과 종묘에 모여 있는 노인들은 자신의 삶에 대해 어떤 생각을 정립했을까. 인생의 황혼기를 보내고 있으므로 이제는 어느 정도 굳건한 삶의 지향점을 지니고 있을까. 아니면 오히려 죽음과 지근 거리에 있다는 느낌 때문에 깊은 혼란 속에 빠져 있을까. 나는 탑골공원과 종묘시민공원, 종로3가 지하철 역사의 노인들과 어울리면서 그곳에서 만난 이웃들로부터 왜 이곳에 나오게 되었는지에 대한 질문을 단 한 차례도 받아 본 일이 없다. 이것은 그들에게 이러한 질문을 해서는 안 된다는 무언의 규칙을 강요하는 분위기를 드러낸다. 그렇다고 무언 중에 형성된 이 같은 불문율이 이 집단 구성원들에게 최적의 공약수이자 최대의 약점임을 반증한다고 할 수는 없다. 거짓 없이 말하자면 이곳에 모이는 노인들에게는 근본적으로 이와 같은 철학적 자기 질문이 실종된 것처럼 보인다. 그러나 인생의 말년에 이르기까지 이러한 회의

「고사관수도(高士觀水圖)」, 강희안, 15세기, 국립중앙박물관
좌측 상중단에 강의안의 호 '인재(仁齋)'라는 낙관이 보인다. 강희안은 화가이기보다 조선 초기의 문인으로 널리 알려져 있다.
그림이 일종의 문자적 기호 역할을 했던 당시에 그림은 순수한 감상의 대상이라기보다는 읽는 매체에 더 가까웠다. 그래서
그림이 다 읽힌 다음에 보이도록 왼쪽에 낙관을 찍었다.

감에 시달리며 시행착오를 거치지 아니한 사람이 없으리라는 생각을 해 본다면, 이러한 삶에 대한 근본적인 자문은 지금도 해소되지 않은 진행형으로 각자에게 내재되어 있다고 보는 것이 옳을 것이다.

해소될 수 없는 근본적이고 실존적인 이러한 인간 문제를 그림으로 그린 화가가 있었다. 조선조 초기의 선비 화가 강희안이 바로 그다. 아래 그림은 그가 그린「고사관수도」다.

화폭 안의 주인공인 기개 높은 선비는 엎드려 손으로 턱을 고인 채 깊은 생각에 빠져 있다. 그림 제목이 말해 주듯이 그는 흐르는 강물을 보고(觀水) 있다. 우리는 이 그림에서 풀리지 않은 영속적인 자기 질문과 마주 서 있는 작가를 발견할 수 있다. 만일 바위에 엎드려 흐르는 강물을 바라보고 있는 주인공이 무언가 해답을 찾았다면 그는 여기에 더 이상 머물러 있지 않고 떠났을 것이다. 그러나 선비는 떠나지 못하고 있을 뿐 아니라 가능한 한 오랫동안 강물을 지켜보려는 듯 에너지 소모를 최소화하여 바위에 의탁해 흐르는 물을 보고 있다. 꽤 오래 전부터 이러한 자세를 취해 온 듯 그는 당장 일어설 것 같지 않은 고요함에 잠겨 있다. 말하자면 작가는 주인공을 화폭 안에 완고하게 붙들어 두고 있는 것이다. 화면 속의 이러한 구조는 영원히 풀리지 않은 부조리의 문제로 우리를 이끈다. 프랑스에서는 사르트르와 까뮈가 소설을 통해 본질에 선행하는 인간 실존의 문제를 그렸다면, 한국의 강희안은 그 문제를 단 한 장의 그림에 담았다. 나이 먹은 노선비는 영원히 풀리지 않은 문제로 언제까지나 이 자리를 떠날 수가 없는 것이다.

수묵 기법이 주는 중후한 느낌과 더불어 검고 활달한 필치로 처리된 노목(老木), 온갖 풍상을 다 겪은 듯한 바위, 흐르는 강물, 화면 근경에 배치된 갈대(蘆) 등 화면에 등장하는 모든 것들 또한 한결같이 긴 세월을 견디어 온 대상들이다. 동양화에서 갈대를 뜻하는 한자의 '로(蘆)'는 '늙을 로(老)'와 발음이 같다. 그래서 갈대가 기러기(雁)와 함께 화폭에 등장하면 노안도(蘆雁圖)라고 해서 장수를 기원하는 화제(畵題)가 된다. 또한 물과 바위는 도교적 상징의 십장생이 아닌가.

이렇게 본다면 강희안의 「고사관수도」에 등장하는 모든 시각 소재들은 긴 시간의 연속과 무관하지 않음을 알 수 있다. 그림 속의 언어(소재)는 단 하나의 대상에 주목하도록 만든다. 그 대상은 말할 것도 없이 그러한 영속성에 동참할 수 없는 그림 속 인물 '선비'다. 그는 물도 그 자리에 있고 거목도 자기 뒤에 건재하며 갈대와 돌도 장생하는데 자기만 속절없이 늙어 가는 한계적 존재임을 깨닫는 유일한 의식적 존재다.

그림 속에서 움직이는 대상은 오직 물뿐이다. 그는 흐르는 물을 바라보며 어떤 해답을 구하려는 것일까. 이 질문에 그림은 아무런 답을 하고 있지 않다. 그렇지만 강희안은 우리에게 해답을 구할 수 있는 하나의 단서를 던져 준다. 그것은 지나치게 확대된 주인공의 얼굴이다. 만일 우리가 이런 상황을 연출하고 강물 이편에서 건너편을 바라보고 사진을 찍는다면 바위에 엎드린 인물은 개미처럼 작게 찍힐 것이다. 또 지금처럼 인물을 줌인(zoom in)하면 이번에는 강물을 파인더 안에서 트리밍해야만 한다. 그렇지만 작가는 투시원근법을 무시하고 주인공을 의도적으로 확대해 강물과 인물, 두 가지가 다 잘 보이도록 화면을 처리했다. 이렇게 강희안은 주인공을 반사경 삼아 물로부터 건져 올린 무언가를 읽어 내도록 독자를 유도한다. 그러나 작가는 질문에 대한 답은 우리에게 위탁하려는 듯 그림 안에 추가적 해석의 여지를 남겨 놓지 않았다. 무한정 주어진 자유가 부담스럽듯 이 그림 또한 해석의 자유가 무한히 열려 있다는 점에서 부담스럽다고 하지 않을 수 없다.

헤르만 헤세는 『싯다르타』에서 강물이 늘 같은 모습으로 그 자리에 있지만 그것은 어제의 물이 아니고 늘 새로움을 던져 주는 오늘의 물이라는 사실에서 큰 깨달음을 얻는 '붓다'를 그렸다. 이 선비의 얼굴에서 그런 깨달음을 읽어 낼 수 있는가, 임금이 다시 부르실 날을 고대하는 선비의 '세월 낚음'이 강의 흐름에 녹아 있는가, 끊임없이, 변화무쌍하게 일렁이는 파문을 내부로 감추어 붙잡는 심층수의 내재적 고요함을 읽어 낼 수 있는가, 아니면 강물의 영속성을 따라잡지 못하고 소멸할 수밖에 없는 인간의 한계적 상황이 주는 끝없는 무상함이 느껴지는가, 우리는 이 그림에서 수없이 다양한 삶에 대한 내용을 해독해 낼 수 있지만 그것이 어떠한 것이든 끝없이 열려 있는 질문에 자리를 내주어야만 한다. 이렇듯 「고사관수도」는 모든 해석이 정답이며 또 모든 답이 정답이 아닌 무상무념의 세계로 우리를 인도한다. 만일 인간이 이 세상에 태어나지 않으면 안 될 어떤 본질을 안고 태어났다면, 즉 우리가 던져진 존재가 아니라 필연적인 존재로 태어났다면 강희안은 처음부터 「고사관수도」를 그리지 않았을 것이며, 「고사관수도」의 주인공으로 하여금 오늘의 우리에게 수많은 질문을 끝없이 피어오르게 하지는 않았을 것이다.

종로3가 전철역에서도 강희안의 「고사관수도」와 크게 다르지 않은 그림을 목격할 수 있다. 계단을 차지하고 앉아 있는 노인들이 바로「고사관수도」의 주인공들이다. 노인들은 옆 사람과 대화를 나누기보다는 역사(驛舍)를 오고가는 수많은 인파들이 만들어 내는 흐름을 내려다본다. 역사의 통로를 따라 마치 강물처럼 흐르는 사람들의 물결은 언제

종로3가 역 지하철 1호선과 3호선의 연결 통로
이 통로에는 마치 영문자 'T'자처럼 보이는 세로 기둥이 획처럼 꽂혀 있다. 그 교점에 해당하는 곳에 나지막한 계단이 있고 이 계단에 앉아 있으면 환승하는 승객의 물결을 관찰할 수 있다. 그 흐름은 십장생의 물처럼 언제까지나 멈추지 않고 움직일 것이다.

나 그 공간을 메우고 있지만, 그 공간은 어제의 사람들이 아닌 오늘의 사람들이 내뿜는 에너지의 물결로 가득 채워져 있다. 변화무쌍하게 일 렁이는 인파는 서울이라는 도시가 자아내는 삶의 방식의 내재성이 만 든 변주곡이다. 그리고 노인들은 이러한 인파의 흐름이 그 흐름을 지켜 보고 있는 자신들보다 장생한다는 사실을 잘 알고 있다. 말하자면 병들 어 자리에 누워 다시는 종로3가 역에 나와 앉아 있을 수 없게 되더라 도, 통로를 오가는 수많은 인파의 흐름은 언제까지나 이어질 변형된 십 장생이라는 사실을 누구보다 잘 알고 있는 것이다. 그러므로 그들은 시 간의 싸움에서 마침내 패배하고 말 자신을 도도한 인파의 흐름 속에서 확인하고자 하는 역설적인 존재들이다. 어찌하랴, 그 길만이 부조리하 게 탄생하고 납득할 수 없는 이유로 삶을 마감할 수밖에 없는 인간이 선택한 숙명적인 도정인 것을.

종로3가 역사의 「고사관수도」 속 노인들은 기다린다. 그곳에서 나눠 주는 커피를, 운현궁의 맞은편에 있는 서울노인복지센터에서 제공하는 점심을, 집에 되돌아가도 좋을 오후 시간을, 그리고 병마가 찾아와 자 리에 눕게 될 예기치 않은 시간을…….

왜 자기가 이 시간과 이 공간의 좌표대 위에 마방진처럼 내던져진 존재인가에 대해 명쾌하게 해명을 할 수 없는 한 강물을 내려다보는 그들의 시선은 내일도 모레도 거두어지지 않을 것이다. 우리는 이 시점 에서 「고사관수도」의 주인공이 강희안이 설정한 가상의 노인이라기보 다 강희안 자신이며 또 오늘을 살고 있는 우리 자신의 자화상에 다름 아니라는 사실을 문득 깨닫게 된다. 이 영원한 숙제를 풀 사람은 없으므로 그림 속 주인공 역시 세월이 흘러도 영원히 자리를 비울 수가 없을 것이다. 마치 「고사관수도」의 고사처럼.

11

누가 도원의 꿈을 꾸는가

종묘시민공원은 2001년 서울시에서 시행한 탑골공원의 성역화 사업 이후 그곳에 더 이상 머물 수 없게 된 노인들이 새로운 공간을 찾아 이주하면서 형성된 실버 공간이다. 그때까지 탑골공원은 무질서하게 개방되어 3.1 운동의 발상지라는 역사적 상징성보다는 노숙자들이나 노인들의 휴식 공간이라는 이미지가 더 강하게 정착되어 있었다. 서울시에서는 역사적 위상을 되찾고 이곳을 역사의 산교육장으로 만들겠다는 계획을 세우고 2001년 2월 성역화의 첫 삽을 떴는데 그 해 광복절까지 완공하려던 당초의 계획이 늦어져 이듬해 3월 지금의 탑골공원 모습으로 문을 열었다.

이전의 파고다공원에서 노인들은 다양한 소일거리로 유유자적 시간을 보냈다. 술을 마시고 담소를 즐겼으며 장기나 바둑을 두기도 하고

탑골공원 입구 전경
탑골공원 성역화 사업 추진 후 이 공간을 점유하고 있었던 노인들은 모두 종묘시민공원으로 옮겨 갔다. 그렇지만 종묘시민공원의 북적거림을 즐기지 않은 노인 일부는 아직도 이곳을 찾는다.

배드민턴 게임을 하기도 했다. 서예 시범을 보이거나 작품을 판매하는 사람도 있었고 즉석 장기자랑을 하는 사람, 노천 이발을 하는 사람도 있었다. 한편에서는 무성영화 변사 흉내로 복고풍 만담이 펼쳐지는가 하면 다른 한편에서는 정치와 경제에 대한 시국토론이 벌어지기도 했다.

이렇게 다양한 노인 문화를 만들어 내던 파고다공원은 재정비하여 문을 연 후 과거의 표정을 잃어버린 적막한 공간이 되고 말았다. 이에 따라 그곳에서 시행되던 가난한 노인들을 위한 무료급식도 서울시가 설립하고 대한불교조계종 사회복지재단이 위탁받아 운영하는 서울노인복지센터로 통합되었다. 공원 이름도 공식적으로 '파고다'에서 '탑골'로 바뀌었다.

파고다공원에서 이루어지던 자연발생적인 노인 문화는 대부분 자연스레 종묘시민공원으로 옮겨 갔다. 공간이 넓어지고 공원 내에 생긴 길로 공간이 분할됨으로써 좁은 공간에서 북적대던 열기의 일부는 규모가 커졌고 일부는 사라졌다. 확대된 시국토론의 공간은 성능 좋은 음향기기의 도움까지 받으며 프로그램화되었으며, 바둑과 장기의 게임 공간도 크게 넓어졌다. 기공운동의 일종인 법륜공 참선은 종묘공원의 새로운 풍경으로 자리잡았다. 반면 만담이나 즉석 장기자랑, 마술 시범, 악기 연주는 2007년 말부터 추진 중인 종묘시민공원 성역화 사업으로 지금은 자취를 거의 감춘 과거의 노인 문화로 남았다.

종묘시민공원은 그곳에 모여 거대한 집단을 형성하고 있는 노인들에게 과연 어떤 의미를 주는 공간일까. 파라다이스일까, 디스토피아일까. 하루에 노인 2, 3000명이 드나드는 이곳이 분명 어떤 흡인력으로 매개된 공간이라는 사실은 의심할 나위가 없다. 모여드는 노인들의 숫자로만 단순히 말한다면 외부 관찰자의 눈에 그곳은 실버 세대들에게 파라다이스로 비칠 수도 있다. 그렇지만 만일 그 장소가 실버 세대들의 꿈이 현실로 탈바꿈되는 공간이 아니라 현실의 냉혹함에 밀려 퇴적된 노인들의 공간이라면 디스토피아일 수도 있다.

과연 종묘공원은 실버 세대들에게 어떤 의미의 공간이라 규정할 수 있을까. 이러한 생각을 정리하는 데 도움을 줄 수 있는 그림이 있다. 조선의 세종조 때 안평대군의 꿈과 이상을 그렸던 안견의 「몽유도원

도」가 그것이다. 조선시대의 이정, 이하곤, 안중식도 복숭아꽃이 피어
있는 파라다이스를 그렸다는 기록이 있지만, 이 주제에 관한 한 세종
의 셋째 아들인 안평대군의 꿈을 그렸다는 안견의 「몽유도원도」가 가
장 널리 알려져 있고 또 실재하는 그림이기도 하다.(현재 이 작품은 일본
의 나라현 소재 텐리 대학교 도서관에 소장되어 있다.) 이 작품은 안평대군이
세종 29년(1447년) 음력 4월 20일에 자신이 꾼 꿈을 당시 도화원 출신
인 안견에게 설명해 주고 그리게 한 그림이다. '도원도의 두루마리'에
는 사흘 만인 4월 23일에 완성했다는 안평대군의 발문이 기록으로 남
아 있다. 도대체 안평대군은 어떤 꿈을 꾼 것일까.

꿈속에서 안평대군은 박팽년과 말을 타고 어느 산 아래에 이른다. 그
윽하고 아름다운 골짜기에 복숭아나무가 수십 그루 있고 기이한 산세

「몽유도원도(夢遊桃源圖)」, 안견, 1447, 텐리 대학교 도서관
그림은 왼쪽의 현실 공간을 그린 부분과 오른쪽 위의 이상 세계(도원경)를 그린 부분으로 크게 구분할 수 있다. 시선의 높이로
보면, 왼쪽 반의 현실 공간은 정면에서 본 평각에 가까운 각도, 오른쪽 반의 이상 공간은 소위 부감법(俯瞰法, 신의 눈처럼 높은
곳에서 아래를 내려다보는 각도로 그리는 법)을 써서 그렸다. 아마도 안견은 현실 공간보다 이상 공간을 더 자세하게 보여 주려 한
듯하다.

사이로 오솔길이 보인다. 길이 여러 갈래여서 방향을 정하지 못하고 서성이고 있는데 소박한 차림새를 한 산골 사람이 다가와 북쪽 골짜기로 들어가면 복숭아 골에 이를 수 있다고 정중하게 안내를 해 준 뒤 사라진다. 울뚝불뚝한 산줄기를 따라 시냇길이 굽이치는 좁은 계곡을 휘돌아 들어가니 그곳이 바로 무릉도원(그림의 오른쪽 위)이었다.

처음에는 박팽년과 둘이서만 말을 타고 갔는데 도원에 들어가니 그곳에 신숙주와 최항이 있어서 이들과 같이 어울렸다. 도원경에 실컷 취하여 즐기다가 문득 잠에서 깨어나 보니 꿈이었다. 미술사학자 안휘준은 자신의 책『안견과 몽유도원도』에서 안평대군이 본 무릉도원의 장면을 다음과 같이 현대어로 번역하여 실었다.

사방의 산이 바람벽처럼 치솟고, 구름과 안개가 자욱한데, 멀고 가까운 도화숲이 어리비치어 붉은 놀이 떠오르고, 또 대나무숲과 초가집이 있는데 싸리문은 반쯤 닫히고 흙담은 이미 무너졌으며 닭과 개와 소와 말은 없고, 앞 시내에 오직 조각 배가 있어 물결을 따라 오락가락하니, 정경이 소슬하여 신선의 마음과 같았다. 이에 주저하며 들러보기를 오래하고 인수(박팽년)한테 이르기를 "'바위에다 서까래를 걸치고 골짜기를 뚫어 집을 지었다'더니, 어찌 이를 두고 이름이 아니겠는가, 정말로 도원동이다."라고 했다. (중략) 서로 짚신감방을 하고 오르내리며 실컷 구경하다가 문득 깨었다.

안평대군의 꿈은, 복숭아나무, 대나무와 뽕나무, 초가집, 닭과 개와

소, 조각 배 등 중국 도연명의 『도화원기』에 나오는 소재와 겹치는 점이 많아 실제 그가 꿈을 꾼 내용인지 아니면 『도화원기』를 읽고 거기에 상상의 날개를 달아 안견에게 설명해 준 것인지 분별해 내기가 쉽지 않다.

동진(東晉) 시대에 활동했던 도연명의 『도화원기』의 내용은 다음과 같다.

효무제(孝武帝) 때 무릉에 살고 있었던 어부 한 사람이 어느 날 고기를 잡으러 배를 저으며 가다가 길을 잃고 말았다. 어부는 향기로운 풀들과 복숭아나무로 가득한 양안의 계곡에 홀리듯 빨려 들어가며 놀라움을 금치 못했다. 복숭아꽃 향기가 그윽하고 경치가 너무 아름다워 무아지경에 빠져 강줄기를 따라 올라가던 중 산자락에 뚫린 조그마한 구멍을 발견했다. 어부는 곧 배를 버리고 구멍 안으로 들어갔다. 한 사람이 겨우 들어갈 정도였던 구멍은 안으로 갈수록 넓어지더니 별안간 넓게 트인 계곡이 나타났다. 그곳은 기름진 논밭, 대나무와 뽕나무밭, 복숭아꽃밭, 아름다운 연못이 있는 마을이었다. 초가집도 있고 사람도 살고 있었는데 이 세상 사람들과 다르지 않은 옷을 입고 있었다. 사람들은 하나같이 행복해 보였고 친절했다. 어디선가 닭 울음소리와 개 짖는 소리가 들렸다.

어부가 묻자 그들은 진(秦)나라 때 난리를 피해 이곳으로 피난 온 조상들의 후예라면서 바깥세상이 어떻게 돌아가고 있는지 오히려 어부보다 더 궁금해했다. 꿈결 같은 이야기에 취해 비몽사몽간 며칠을 보낸 후 어부가 그곳을 떠나려 하자 그들은 밖에 나가더라도 이곳 산골 마을의 이야기는 하지 말아 달라고 신신당부했다. 하지만 너무나 신기한 체험을 한 어부는 돌아간 즉시 고을 태수에게 이 사실을 고했다. 태수는 이 이야기를 기이하게 여기고, 사람을 시켜 그 곳을 찾으려 했으나 어찌된 영문인지 어부가 계곡을 빠져나오면서 해 놓은 표지들을 하나도 찾을 수가 없었다. 그 후 누구도 이 계곡을 찾지 못한 채 무릉도원의 이야기는 전설로만 전해지고 있다.

도연명의 『도화원기』의 내용에서 안평대군의 꿈과 크게 다르지 않은 몇 가지 서사 구조를 발견할 수 있다. 즉 무릉도원에 이르는 초입에서 자기 의지가 아닌 어떤 힘에 이끌려 도원동에 이르게 되었다는 점, 현실 공간과 유토피아 공간을 매개하는 지점으로 좁은 구멍이나 굽이굽이 휘돌아 들어가는 좁은 계곡을 설정했다는 점, 탁 트인 공간에 자리잡은 은자들의 세계를 만난다는 점, 꿈꾸듯이 보낸 셈할 수 없는 카이로스(chairos)의 시간들과 문득 정신을 차린 주인공이 현실 공간으로 귀환하는 점 등이 유사하다. 미장센을 위한 소도구도 유사한데 이를테면 복숭아나무, 초가집, 대나무, 뽕나무, 사공 없는 나룻배, 호수 등이 두 에피소드에 똑같이 등장한다. 이렇게 비슷한 서사 구조와 미장센 등을 감안하면 과연 안평대군의 꿈이 실제로 꾼 꿈인지 아니면 도연명의 『도화원기』를 그의 상상력의 세계 속에서 새롭게 각색한 것인지 분명하지 않다. 그러나 『도화원기』가 기원후 4세기에 기록된 것이고 안평대군이 활발하게 문예 활동을 했던 시기가 15세기 중엽인 점을 고려해 보면 적어도 안평대군이 도연명의 소설에 영향을 받은 것처럼 보인다.

그러나 두 개의 에피소드는 근본적으로 다른 특징을 가지고 있다. 도연명의 그것이 인물(어부), 배경(기원후 4세기 어느 날, 호남성 상덕현의 무릉계곡), 사건(은자의 세계를 발견)의 3대 요소를 가진 희곡 성격의 이야기라면 안평대군의 그것은 꿈을 시각적 이미지로 전환했다는 발상이 다르다. 또한 도연명의 유토피아가 유사 현실을 살고 있는 은자에 대한 묘사라고 한다면 안평대군의 꿈은 사람들은 물론 닭과 개와 소와 말조차 볼 수 없는, 즉 이쪽의 현실 세계와 매우 다른 공간을 그리고 있다는 것이다.

　「몽유도원도」에서 왼쪽 아래 계곡에 있는 마을은 안견이 설정한 현실 공간이고 오른쪽 위 있는 복숭아나무와 초가가 있는 마을은 파라다이스, 즉 무릉도원이다. 그 사이에 '산줄기가 울뚝불뚝하고 시냇길이 굽이치는 좁은 계곡'들이 마치 도연명의 '좁은 구멍'처럼 묘사되어 있다. 따라서 이 그림이 유도하는 시선의 방향은 당연히 왼쪽 아래에서부터 시작해 오른쪽 위를 향한 사선이다. 도연명의 소설이나 안평대군의 꿈 이야기는 모두 척박하고 고통스럽고 부조리한 현실로부터 벗어난 이상향이라는 방향성을 띠고 있기 때문이다.

　이제 안견의 무릉도원과 종묘시민공원의 모습을 병치시켜 놓고 하나의 해답을 구해 보고자 한다. 우선 다음 두 그림에서 다른 점을 찾아보자. 색채나 프레임은 물론 하나는 그림이고 다른 하나는 사진인 점 등의 사소한 내용은 차치하는 것이 좋겠다. 가장 확실하게 다른 점은 한쪽은 텅 빈 공간으로 처리되어 있고 다른 한쪽은 현실적인 인간군이 자리 잡고 있다는 사실이다. 도연명은 그의 이상향에 현실의 삶과 비슷

위 「몽유도원도」의 도원동 부분을 확대한 그림
아래 종묘시민공원의 게임 공간 모습

한 마을과 주민을 그리고 있는데 안평대군의 꿈과 안견의 그림에는 왜 사람이 등장하지 않았을까? 이는 절대로 우연한 실수가 아닐 것이다. 실수라기보다는 도연명과는 달리 유토피아를 보는 안평대군과 안견의 특유한 사유가 반영된 것으로 보인다. 즉 안평대군은 현실 세계에 그런 유토피아는 존재할 수 없음을 극명하게 드러냈다고 볼 수 있다. 앞에서 말한 바처럼 안평대군은 이미 1100년 전에 도연명이 쓴 소설을 참조했음이 분명하다.

이야기 안에는 진나라 당시의 전쟁을 피해 동진의 효무제 치세 때까지 고립된 마을을 형성하면서 살아온 도원동 주민이 분명하게 등장하고 있다. 그러나 안견은 그림에서 이들의 모습을 지웠다. 그리고 안평대군은 효과음으로 삽입될 수 있는 개 짖는 소리와 닭 울음소리를 꿈속에서 듣지 못했다고 분명한 목소리로 증언한다. 마을 사람들을 그리지 않았고 짐승의 울음소리를 듣지 못했다는 증언은 그림의 단순한 차이라기보다는 안평대군과 안견의 유토피아는 도연명의 그것과 달랐다는 점을 시사하는 중요한 단서이다. 도연명의 도교적인 피안은 이 땅에 하나님 나라를 건설할 수 있다고 줄기차게 믿고 주장하는 기독교의 종교 이념과 맥을 같이한다. 그러나 도교적 세계관에 닿아 있는 안평대군과 안견의 유토피아는 한낱 꿈, 아니면 이상향에 불과할 뿐 현실적으로 존재 가능한 공간이 될 수 없음을 무언 중에 전하고 있다.

만일 우리가 후자의 입장에 동의한다면 종묘시민공원은 오늘의 실버 세대를 위한 유토피아가 될 수 없다. 「몽유도원도」의 피안은 텅 비어 있지만 종묘공원은 한시도 비어 있지 않다. 하루에도 수천 명의 노인들이 그 공간을 점유하고 있다는 사실이 이를 증언한다. 앞의 그림과 사진을 통해서 종묘공원이 실버 세대를 위한 유토피아가 아님을 분명히 드러내는 또 하나의 관점은 시선의 방향이다. 안견의 그림에서는 시선의 방향이 왼쪽 아래로부터 오른쪽 위로 흘러가고 있다. 즉 방향이 '현실에서 이상향으로' 설정되어 있다. 그러나 종묘공원에 모여드는 실버 세대들은 한결 같이 그 역방향을 유토피아라고 생각하고 있는 군집이다. 그들은 누구랄 것 없이 젊었을 때의 현실로 되돌아가고 싶어 하는 강렬한 열망에 사로잡혀 있다. 「노인들의 집단 문화에 대한 문화기술지 연구」를 쓴 김소진은 이 문제를 다음과 같이 기술하고 있다.

(종묘공원에 모이는) 노인들은 외부 사람들에게 종묘공원에 있는 자신이 같은 장소에 있는 그들과 다른 존재이길 희망하며 자신을 은폐하고자 했다. 즉 종묘공원의 문화에 포함되고자 공통성을 찾으려 노력하지만 끊임없이 그들과 다름을 강조하며 이중적인 모습을 보이려 했다.

여기에서 '다른 존재'란 비록 몸은 종묘공원에 있지만, 그곳에 먼저 와 무리를 형성하고 있는 노인들과 자신이 결코 같은 존재가 아니라는 점을 의미한다. 즉 자신은 사회로부터 소외되거나 격리되어 떠밀리다시피 이곳을 찾은 노인이 아니라 어떤 처지의 노인들이 그곳을 찾으며 또 어떤 생각들을 가지고 있는지 궁금하여 한두 번 둘러보는 관찰자로 남고 싶어 한다는 것이다. '관찰자로 남고 싶어 한다.'라는 것은 근로 공간의 시민이 되고자 하는 기대 심리를 반영하는 표현이다. 그들은 그렇듯 소박한 소망을 지니고 있으면서도 어쩔 수 없이 '그들 중 하나'일 수밖에 없는 자신의 이중적 처지에 전율한다. 실제로 노인들은 몸은 종묘공원에 두고 있지만 의식의 지향점은 현실 공간에 두고 있다. 극심한 경쟁과 그 경쟁에서 살아남기 위해 거친 호흡을 몰아쉬는 젊음의 숨결이 있는 곳, 자신의 능력이 권력과 돈으로 치환될 수 있었던 곳, 자신의 일거수일투족이 주변인들에게 멘토링되었던 곳, 사랑이라는 이름으로 절제 없이 소모할 수 있었던 젊음의 에너지가 용솟음쳤던 곳…… 이러한 공간이야말로 그들의 의식이 지향하는 유토피아인 것이다. 이렇게 본다면 종묘시민공원에 머무는 실버 세대들의 유토피아는 「몽유도원도」에서 설정한 방향의 역(逆)이 된다. 이처럼 「몽유도원도」는 지금의 종묘시민공원이 결코 실버 세대들의 유토피아가 될 수 없음을 일러 주는 중요한 단서를 제공한다. 도연명의 그것과 달리 안견의 「몽유도원도」에는 사람이 없기 때문에 노인들로 넘쳐나는 종묘시민공원은 도원이 될 수 없다. 그렇다고 그들이 젊은 시절로 되돌아갈 가능성은 더더욱 없다. 이렇게 본다면 종묘시민공원에 모이는 노인들에게는 모든 출구가 막혀 있다고 볼 수 있다.

누가 도원의 꿈을 꾸는가?

물론 꿈은 현실이 아니며 도치된 현실일 뿐이다. 바라지만 이루어지지 않거나 이루어질 가능성이 극히 희박한 것들이 꿈이라는 형식을 통해 나타난다. 그러므로 도원의 꿈은 그 도원에 이를 가망 없는 자의 그림이 될 수밖에 없다. 전란을 겪은 도연명이 그러했고 세조의 왕위 찬탈에 희생될 수밖에 없었던 안평대군이 그랬다.

종묘시민공원에 모여들고 있는 노인들의 꿈 또한 다르지 않을 것이다. 꿈은 그 꿈을 간직하고 있는 몸에 정박되어 육체의 소멸과 궤를 같이한다. 그러므로 꿈속의 공간도 파라다이스고 그 꿈을 지니고 있는 사람이 머물고 있는 공간도 파라다이스인 공간은 안견의 「몽유도원도」처럼 이 세상에는 없다 할 것이다.

4부

생존을 증명하기 위한 전투

공원에 머무는 노인들에게 시간은 느리게 흐른다. 원하지
않았으나 어느 샌가 그들은 슬로우 시티의 시티즌십으로 남
겨진 것이다. 이렇게 본다면 종묘와 탑골공원에 모이는 노
인들은 변화의 내용보다 변화의 속도에 충격을 받아 시대의
중심으로부터 멀어진 '시대가 남기고 간 잉여 인간의 집합'
이라고 보아도 지나치지 않다.

12

인정 투쟁

기원전 5, 6세기 그리스 시대에는 인간 내면에 잠재되어 있는 고뇌와 갈등을 무대 위로 끌어 올려 보여 주는 비극이 성행했다. 아이스킬로스와 소포클레스, 에우리피데스는 우리가 잘 알고 있는 것처럼 그 시대가 탄생시킨 3대 비극 작가다. 당시 사람들은 기쁨과 즐거움, 사랑과 행복으로 마무리되는 삶의 이야기 대신 쓰리고 아픈, 인간에게 잠재되어 있는 비극적 요소를 들추어 내는 이야기에 어째서 더 큰 환호를 보냈을까?

인간에게 비극을 불러오는 원천은 운명처럼 찾아오는 죽음일 것이다. 인간은 죽음과 파괴를 끝내 극복할 수 없는 존재이므로 이를 인정하려 하지 않는 한, 고뇌와 비극에 잠길 수밖에 없다. 젊음과 아름다움, 물질적 풍요와 행복 추구는 어디까지나 순간적인 마취 효과를 줄 뿐이다. 그러나 그것이 주는 몽환의 상태에서 벗어나면 이러한 파괴적 종말을 잊어 보려 애쓰는 인간에게, 오히려 더 길고 생생하게 생을 몰락시켜 가며 폭력적으로 다가오는 죽음에 이르는 쓰라린 경험이 찾아온다. 소위 무상과 무아를 깨닫지 못하고 영생에 집착하면 삶 자체가 고통의 바다가 되어 버린다고 가르친 부처의 '일체개고(一切皆苦)'도 이를 두고 한 말이 아닐까 싶다. 그러므로 '비극적 요소'란 말할 나위 없이 한계적 존재인 인간이 그 한계를 극복하려고 애를 써 보지만 결국 성공을 거두지 못했을 때 심리적으로 맞닥뜨릴 수밖에 없는 모순, 대립, 투쟁, 갈등을 이를 것이다. 거부할 수 없는 운명과의 조우, 그 운명에 저항하는 주인공의 고뇌와 갈등, 또 그것으로부터 파생하는 불행과 고통을 다루었던 그리스 시대의 비극은, 극 중 인물들과 유사한 상황 속에 놓여 있으면서도 실제 생활에서 극 중 인물들처럼 행동하며 살 수 없었던 대부분 관객의 투사물이었다. 연극의 배역들은 관객을 대신해 불행이나 비참에 빠지며 파멸과 패배, 죽음을 맛본다. 그렇지만 비극은 실제 상황이 아니라 연극이기 때문에 주인공의 위험한 체험으로부터 안전 거리를 유지하면서 관객으로 하여금 스스로 심리적 해소를 경험할 수 있도록 돕는다. 비극의 주인공은, 죽이고 싶도록 미운 사람을 우리를 대신해 죽여 주기도 하고 파멸로 이끄는 이웃에게 아무런 복수조차도 할 수 없는 무기력한 우리를 대신해서 복수를 해 주기도 한다.

그리스 3대 비극 작가 중 한 사람인 아이스킬로스의 연작 중 「아가멤논」은 이러한 비극적 요소들을 잘 보여 주는 대표적인 작품이다. 이 작품은 정부와 더불어 남편을 살해한 부인의 이야기다. 사랑으로 매개된 형식이 바로 결혼일 터인데, 상대를 가장 존중하고 인정하며 사랑해야만 하는 관계에 놓인 사람들이 어떻게 살의를 품게 되었을까? 작가는 이 작품에서 인간 내부 깊숙이 감추어진 갈등과 고통을 클뤼타임네스트라의 손을 빌려 해방시킨다.

트로이 전쟁의 주인공인 그리스 군대의 총사령관 아가멤논은 트로이를 점령하기 위해 거함을 이끌고 아울리스 항구를 떠나기 전, 알테미스를 위한 제물로 큰딸 이피게네이아를 산 채로 바친다. 알테미스의 노여움으로 바다에 역풍과 폭풍이 일어 군함의 출항이 불가능했기 때문이다. 클뤼타임네스트라는 아가멤논이 자신의 원래 남편을 죽이고 자기를 아내로 취한 탓에 그와 자식을 낳고 살고 있기는 했지만 늘 복수를 꿈꾸고 있었다. 그러던 차에 딸이 출정을 위한 희생 제물이 되었다는 소식을 듣자 더 이상 견딜 수 없었다.

「아가멤논」의 여주인공 클뤼타임네스트라는 트로이의 왕자 파리스에 유괴되어 트로이 전쟁의 원인이 되었던 절세의 미녀 헬레네와 쌍둥이 자매인데 미케네 왕 아가멤논이 전쟁을 일으켜 당시 그녀의 남편이었던 탄탈루스를 죽이고 그녀와 강제로 결혼했다. 그녀는 아가멤논의 부인이 되어 한 명의 아들과 두 딸을 두었다. 아가멤논은 바로 그 사이에서 얻은 큰딸 이피게네이아를 알테미스의 제물로 삼은 것이다.

딸이 희생되었음을 알게 된 그녀는 아가멤논에게 사물처럼 취급당해 전 남편에게서 탈취당한 존재로서 아무런 발언권도 주어지지 않은 채 장식품처럼 살아왔던 자신의 운명을 저주했다. 그녀는 아가멤논의 부인이 된 이래로 자기의 존재 자체를 한 번도 인정받지 못해 왔음을 상

기하고 분노했다. 그래서 마침내 남편을 죽이기로 결심한다. 그녀는 트로이 전쟁에서 승리하고 10년 만에 아테네로 돌아온 아가멤논을 죽이기 위해 정부인 아이기스토스의 도움을 받아 모든 준비를 마쳤다. 말하자면 그때까지 그녀의 존재를 인정하지 않고 사물처럼 취급했던, 불인정의 주체를 소거할 결심을 한 것이다. 이렇게 해서 「아가멤논」의 비극은 사물화된 한 여인의 응어리진 가슴으로부터 불꽃처럼 피어올랐다.

왼 쪽 「클뤼타임네스트라(Clytemnestra)」, 피에르 나르키스 게렝, 1822, 루브르 박물관
오른쪽 **아가멤논의 황금마스크**, 1876년 발굴, 미케네 박물관

위의 그림은 프랑스의 신고전주의 작가 게렝의 작품으로 잠든 아가멤논을 죽이기 위해 숨을 고르고 있는 그녀의 등을 아이기스토스가 떠밀며 용기를 북돋아 주고 있는 장면이다. 클뤼타임네스트라와 아이기스토스가 어둠의 이쪽에서 눈을 번득이고 있고 아가멤논은 아무것도 모른 채 깊이 잠들어 있다. 흔히 침실이 어둡고 커튼 이쪽이 더 밝은 법인데 작가 게렝은 조명을 바꾸어 극적인 긴장감을 그림 속에 녹여

냈다. 그래서 감상자를 더 두근거리게 만든다.

그리스의 비극은 우리가 직접 개입하지 못하는 어떤 상황에서 가슴 속에 숨어 있는 욕망과 격정의 본질을 연극이라는 형식을 통해 가감 없이 보여 준다. 등장인물들은 우리를 대신해 욕망의 화신이 되어 도덕률과 법이 정해 놓은 금기를 위반한다. 그리고 위반에서 오는 심리적 갈등, 고뇌, 번민, 희생, 처벌과 죽음을 온몸으로 받아들인다. 관객들은 등장인물이 현실의 우리를 대신해서 감내하고 있는 공포스러운 위반을 목도함으로써 가슴에 쌓여 응어리진 욕망의 찌꺼기들을 태워 버리며(카타르시스) 자신의 내면을 성찰할 수 있는 기회를 얻는다. 이것이 삶의 본질을 해독 가능케 하는 비극의 본질이다.

그림은 연극만큼 격정적일 수 없겠지만 만일 이 그림을 보는 사람 중 클뤼타임네스트라처럼 남편에 대한 분노와 적개심을 가슴속에 가진 여인이 있다면 그녀는 이러한 비슷한 상황이 주어졌을 때 칼을 들 수 있는 존재로 변신할 가능성이 있다. 그러나 그림의 감상자는 살해에 직접 가담하지 않고 그림 속의 여인에게 그 일을 대신 맡길 수 있으며 그 일에 자신을 투사함으로 카타르시스를 느낄 수 있다.

문제는, 이러한 비극이 연극이 설정해 주는 안전거리를 무너뜨리고 무대를 내려왔을 때다. 무대가 아닌 현실 세계에서는 누구나 안전장치 없이 비극의 주인공이 될 가능성에 노출되어 버린다. 실제로 일어난 인류 역사상 최초의 비극적 사건은 성경의 「창세기」 4장의 기록에서 확인할 수 있다. 지구상에 아담과 이브, 카인과 아벨이라는 단 네 명의 인구가 있을 때 전 인구의 4분의 1이 살해당한 사건이므로 그 충격의 정도를 충분히 짐작할 수 있다. 하나님이 아벨의 제사는 기뻐하며 받았으나 카인의 제사는 받지 않았기 때문에 형 카인은 동생 아벨을 분노의 표적 삼아 들판으로 데려가 돌로 쳐서 죽였다. 헤겔은 이 사건 속에서 '인정 투쟁'이라는 철학적 사유를 길어 올렸다.

　헤겔은 『정신현상학』에서 인간이란 근본적으로 불안정한 존재이므로 한 인간은 완결된 자신의 정신세계를 독자적으로 가질 수 없다고

「카인과 아벨(Cain and Abel)」, 작자 미상, 11세기, 루브르 박물관
왼쪽은 하나님께 제사를 지내는 카인과 아벨, 오른쪽은 아벨을 살인하는 장면과 하나님으로부터 에덴의 동쪽으로 추방당하는 카인의 모습이 새겨져 있다.

말한다. 자기 정체성에 타인의 인정을 보태지 않으면 완결된 자신의 모습을 완성할 수 없다는 것이다. 이를테면 목사는 목사가 되고 싶다는 스스로의 생각만으로는 그렇게 될 수 없고 타인, 즉 성도들이 그를 목사로 인정해 주어야 진정한 목사로 탄생할 수 있다. 그런데 목사뿐만 아니라 성도들도 목사와 똑같이 인정받기를 원한다. 성도들도 목사로

부터 신실한 믿음의 소유자라는 인정을 받지 않으면 교회에서 설 자리를 잃어버리기 십상이기 때문이다. 이와 같이 주체가 상대로부터 인정을 획득하지 않으면 온전한 주체성을 지니기 어렵기 때문에 우리는 서로가 서로에게 인정을 획득하려고 애쓰지 않으면 안 된다. 이러한 현상에 헤겔은 '인정 투쟁'이라는 용어를 붙였다. 그러므로 이 투쟁은 결코 '화해할 수 없는 대립과 갈등'을 낳게 되고 이 화해 불가능성은 흔히 '비극적인 결말'로 이어진다. 카인도 자신에게 돌아올 하나님의 인정을 앗아간 아벨을 그대로 놓아둘 수 없었기 때문에 살인을 저지른 것이다. 이러한 까닭으로 헤겔은 타인이 있는 곳에 내가 있게 되는 인간의 삶의 구조 자체가 이미 '지옥'이라고 갈파했다.

우리는 인정 투쟁의 또 다른 현장을 종묘시민공원에서 목격할 수 있다. 이곳은 나이를 먹었거나 정리해고를 당해 노동의 현장에서 더 이상의 필요성을 인정받지 못한 노인들이 모이는 공간이다. 그러므로 서로 말을 아끼고 있긴 하지만 어느 누구랄 것 없이 자신들이 이제는 인정 투쟁의 현장에서 밀려나 있으며 심지어 잊히고 있다는 사실에 대한 상실감에 젖어 있다. 만일 그렇지 않다고 말하려면 노동의 현장에서 개인의 생산성을 인정받을 수 있으면서도 그 인정을 뿌리치고 이곳에 모이지 않으면 안 될 까닭을 따로 설명해야만 할 것이다.

종묘시민공원을 위에서 내려다보고 하나의 좌표를 그리면 X축에 해당하는 공간에 소위 '어버이연대'의 시국강연장이 자리 잡고 있다. 하계절에는 특별한 행사가 없다면 거의 매일 오후 1시부터 4시 사이에 어버이연대의 회원들과 노인들이 이 모임에 참여하여 강연을 듣는다.

주최 측의 강연은 매번 다른 주제이기는 하지만 마지막 결론은 매우 도식화되어 있다. 연사들은 노인들을 향해, 약소 민족이었고 자원 빈국이었던 한국이 지난 5000년의 역사 이래 오늘날처럼 세계 10위권을 오르내릴 만큼 잘살게 되고 큰소리 칠 수 있는 국가가 되기까지 누구의 피와 땀들이 제물이 되어왔는가를 묻는다. 그리고 그 주역은 '바로 여기 앉아 계신 어르신네들'이라고 소결을 내린다. 태극기는 분단을 고착화시키는 일종의 기표이기 때문에 태극기에 대한 배례 대신 한반도기를 사용해야 한다거나, 친일파가 작곡한 애국가를 부르면 안 되고 「님을 향한 행진곡」을 불러야 한다고 하거나 순국선열에 대한 묵념이 아니라 열사들에 대한 묵념을 해야 한다고 주장하고 실제 그렇게 몸으로 실천하는 사람이나 단체들(그들은 이를 '민중의례'라고 부른다)을 우리가 어찌 생각해야 하는가를 묻는다.

강연이 이 대목에 이르면 일부 노인들은 소리를 지르고 흥분한다. 말하자면 연사는 젊은 시절의 노인들이 산업 전선에 바친 노고를 위로하고 그들의 변함없이 투철한 애국심을 한껏 인정한다. 한편 노인들은 거친 숨소리, 박수와 환호로 연사의 주장이 정당함을 인정한다. 누가 인정 투쟁에서 추방된 노인들을 이토록 절절하게 인정해 줄 수 있단 말인가. 또 어떠한 연사가 노인들에게 인정 받기를 이토록 간절히 바랄 수 있을까. 이들은 오늘의 자랑스러운 대한민국이 만들어지기까지 몸 바쳐 왔던 거룩한 희생과 봉사를 인정하지 않으려는 일부 종북 세력에 의해서만 정말로 억울하게 인정받지 못하고 있는 셈이다. 그렇다면 어찌해야 할까. 그들이 시대의 역군들을 인정하지 않는 정도에 비례해서,

종묘시민공원 시국강연장 모습
매일 오후 공원의 우측 공간에서는 어버이연대 회원들과 일반 노인들 2백여 명 내외가 모인 가운데 시국강연이 이루어진다.

혹은 그 이상으로 이쪽에서도 그들을 인정할 수 없음을 행동으로 보여 주어야 마땅하다 여기는 것이다.

노인들에 대한 연사의 인정이 연사에 대한 노인들의 인정과 지지를 끌어내고, 그런데도 이러한 정당성을 인정하지 않으려는 세력이 존재한다는 사실을 서로 확인한 다음, 그러한 불순한 세력을 인정할 수 없음을 행동으로 보여 줄 필요성에 공감하는 것이다.

종묘공원의 시국강연 현장에서는 이와 같은 인정 투쟁의 도식이 거의 매일처럼 이루어지고 있다.

개인이든 단체든 국가든 카인의 후손들은 예나 지금이나 인정 투쟁의 혈투를 멈추지 않고 있다. 그러나 원본의 소멸과 주체의 해체라는 포스트모던 시대의 새로운 패러다임은 인정 투쟁의 전선에서 피아(彼我)의 구분을 쉽지 않게 한다. 즉 우리는 지금 모더니즘의 사회에서처럼 자신이 누구로부터 인정을 받아야 하는지, 또 자신이 누구를 인정해주거나 해 주지 않아야 하는지를 식별하기 쉽지 않은 시대에 살고 있다. 이런 관점에서 주로 실버 세대들로 구성되어 있는 어버이연대의 인정 투쟁이 폭넓은 인정을 받을 수 있는지 아닌지는 한마디로 정리하기 어려운 측면이 있다. 이들의 맞은편에 서 있는 투쟁자들 역시 인정 투쟁의 끈을 동일하게 붙잡고 있기 때문이다. 그렇지만 우리의 관심을 끄는 것은, 종묘시민공원이 소외되거나 인정 투쟁에서 밀려난 무기력한 존재들로 메워진 정적인 곳이 아니라 이 공간에서도 여전히 인정 투쟁의 전선이 형성되고 있으며 그 진지의 병사가 되기를 원하는 고갈되지 않은 인적 자원이 있다는 사실이다. 실버 세대들의 이러한 인정 투쟁은 그것이 반드시 어버이연대의 형식을 빌리지 않는다 할지라도 그들이 요양병원에 입원하지 않고 이 공간에 출석을 하는 한 지속될 수밖에 없는 자연스러운 생존 양태다.

인간은 누구나 인정받음으로써 주인공이 되길 원한다. 또한 죽음의 폭력성 앞에 무기력하게 쓰러지는 비극을 원하지 않는 한 언제까지나 투쟁자로 남을 수밖에 없다. 투쟁자이기 때문에 인정 획득 여부에 상관없이 생명력을 가진 자인 것이다. 그러므로 종묘시민공원의 노인들은 지금도 살아 있다고 말해야 할 것이다. 그러나 인정 투쟁은 어느 한쪽의 일방적인 승리를 담보하지 않는다. 종묘시민공원의 노인들이라 해서 어찌 자신들에게 영원한 승리가 주어진다고 장담할 수 있으랴. 인정 투쟁의 결과 마침내 패배를 맛보리라는 사실을 그들은 알고 있다. 시간이 자신들의 몸을 갉아먹고, 산업 전선에 있는 젊은이의 투쟁력에 자신들의 분개가 비길 수 없다는 사실을 잘 알고 있기 때문이다. 정부(情婦)와 더불어 아가멤논을 죽이고 복수에 성공했던 클뤼타임네스트라가 결국 자기의 아들에게 죽임을 당한다는 신화의 줄거리가 이를 잘 설명해 주고 있지 아니한가.

　그러나 그들은 오늘도 시국강연장이라는 인정 투쟁의 장에 참여한다. 그들에게 투쟁의 결과는 중요하지 않다. 다만 그들은 투쟁할 수 있을 때 자신들이 살아 있다는 사실을 몸으로 증명해 보이고 싶을 뿐이다.

13

슬로우 시티를 떠도는 '어르신들'

조선 중기의 선비 이문건은 천신만고 끝에 어렵게 얻은 손자를 눈물로 양육한 『양아록(養兒錄)』이라는 책을 썼다. 이 기록은 우리나라 최초의 육아일기라는 점뿐만 아니라 엄마가 아닌 할아버지가 썼다는 사실에서도 매우 진귀한 문화유산이라 할 만한 가치가 있다. 지금부터 약 450년 전의 이야기다.

이문건의 형제들은 머리가 명석하고 지조가 높아 대부분 기묘사화와 을사사화를 겪는 도중에 목숨을 잃었고 일부는 병으로 세상을 떠났다. 그는 형제뿐만 아니라 자식 운도 없었다. 슬하에 여섯 아이를 두었는데 그중 넷은 채 자라지도 못하고 천연두를 앓다가 죽었고 성인으로 자란 자녀는 둘째 아들 온(熅)과 막내딸뿐이었다. 그런데 딸도 풍과 간질로 스무 살에 세상을 떠났고 아들 온마저 얼마 지나지 않아 어렸을 적에 앓았던 천연두의 후유증으로 죽고 말았다. 행인지 불행인지 1551년 1월 5일, 아들 온은 죽기 6년 전 손자를 하나 남겼는데 그가 '이숙길'이라는 양아록의 주인공이다. 형제자매들이 양대 사화와 병으로 모두 죽었고 자녀들도 전부 천연두로 세상을 떠난 형국에 그의 나이 58세에 자식 온의 몸을 빌려 기적과 같이 얻은 손자에게 그가 어찌 모든 관심을 쏟지 않을 수 있었겠는가. 너무나 신기하고 귀하며 사랑스러웠기에 이문건은 손자에 대한 육아일기를 쓰기로 했다. 손자가 태어난 순간부터 오늘날의 성인식이랄 수 있는 관례를 치르기 전인 16세까지 손자의 육아일기를 기록하여 『양아록』이란 제목으로 엮었다.

  그러나 손자 숙길은 할아버지의 소망과는 다르게 설사, 학질, 눈병, 천연두, 홍역 등 자라는 동안 앓지 않은 병이 없었고 그때마다 이문건의 속은 까맣게 탔다. 무엇보다 이문건의 가슴을 아프게 하는 일은 아들 온이 죽자 숙길이 자꾸만 엇나가는 것이었다. 그는 공부는 하지 않고 며칠씩이나 그네만 타려는 손자의 종아리를 때렸고 뒤통수를 쥐어박기도 했다. 그러나 손자는 13세 때 이미 술을 즐겨 마시기 시작했다. 할아버지는 술이 깨기를 기다린 후 온 가족에게 돌아가며 매를 때리게 해 손자를 바로잡으려고 한 적도 있었다. 숙길(후일 숙길이라는 이

충북 괴산에 소재한 이숙길의 묘소
숙길이 병치레가 잦자 할아버지 이문건이 점쟁이의 권유에 따라 '수봉'으로 이름을 바꾸었는데 이 무덤의 묘비에는 "성주이씽휘 원배지묘(元配之墓)"라고 음각뇌어 있는 것으로 보아 할아버지가 돌아가신 뒤에 또 다시 이름을 '원배'라고 개명한 듯하다.
—『선비의 육아일기를 읽다』, 김찬용 편역, 글항아리, 2008

름이 수봉으로, 수봉이 다시 원배로 바뀌었다.)은 이문건이 죽고 난 27년 후인 1594년 44세의 나이로 세상을 떠났다. 할아버지가 그렇게 잘 기르고 가르치려고 했지만 결국 과거에도 합격하지 못하고 할아버지의 기대와 요구 수준에 따르지 못한 삶을 살다 젊은 나이에 죽고 만 것이다. 『양아록』이라는 기록은, 아무리 노력을 기울이고 눈물로 호소해도 자식은 참으로 마음대로 되지 않는다는 평범한 진리를 보여 준다.

조선 말기 단원의 작품에도 말 안 듣는 학동을 야단치는 「서당」이라는 풍속화가 있다. 단원은 왜 훈장을 모시고 얌전히 글 잘 읽은 학동을 담은 면학 풍의 서당 모습을 그리지 않고 하고많은 상황 중에 야단맞는 장면을 선택했을까? 추측컨대 단원은 얌전히 글 읽은 모습은 서당의 일상이 아니라고 생각한 듯싶다. 『양아록』이 기록된 시기와 약 200년이라는 시차가 있지만 매로 종아리를 때리고 야단치면서 자식을 훈육하는 일은 당시 조선의 자연스러운 풍습이었던 것이다. 그는 바탕 화면을 하얗게 처리해 보는 이의 시선이 훈장과 야단맞고 찔끔거리는 학동에 집중되도록 구도를 설정했다. 김홍도는 25폭의 풍속화첩에서 벼 타작, 대장간, 자리 짜기, 길쌈, 기와이기, 주막, 씨름, 쟁기질 등 대부분 민속적 소재들을 다룰 때에도 인물들 외 배경이 되는 것들은 과감하게 생략했다. 따라서 이 그림 역시 어디까지가 방바닥이고 어디서부터 벽이 시작되는지 또 벽에는 어떤 장식이 있는지 확인할 길이 없다.

화면 속 등장인물은 아홉 명의 학동에 훈장을 합쳐 모두 열 명이다. 장난하다가 들켰는지 아니면 외워 오라는 문장을 미처 외우지 못했는지 어린 학동 하나가 훈장에게 한바탕 야단을 맞고 있는데 다른 학동

「서당」, 김홍도, 18세기, 국립중앙박물관

들은 울고 있는 친구에게 연민을 보내기보다는 고소하고 재미있다는 표정을 짓고 있다. 그런데 단원이 단 한 줄의 설명적 단서를 남기지 않았는데도 우리는 훈장의 무게감이 나머지 아홉 명의 학동이 주는 무게감과 다르다는 사실을 깨달을 수 있다. 일반적인 원근법에 따른다면 우리에게 가장 가까이 있는, 오른쪽 아랫부분에 있는 녹색 옷의 학동이 훈장보다 훨씬 크게 그려져야 맞는데 단원은 역원근법을 써서 오히려 훈장을 이보다 1.8배 정도 더 크게 그렸다. 18세기 조선 사회가 훈장에게 부여한 사회적 지위를 단원이 시각화했다고 볼 수 있는 매우 흥미로운 단서다.

흔히 그림은 액자에 들어가면서 진정한 작품이 된다. 이때 액자는 그림 밖의 것들을 그림으로부터 분리하는 일을 통해 그림을 더욱 그림답게 가꾸는 역할을 한다. 반드시 액자에 넣지 않은 경우라도 그림이 그려진 캔버스나 도화지의 제단선은 무언 중에 그러한 역할을 해낸다. 그런데 김홍도의 이 그림은 화첩이라는 종이의 경계 밖에 또 하나의 액자가 숨어 있음을 암시한다. 그것은 조선시대 사람들의 훈장을 보는 사회적 시각이다. 그러므로 이 그림은 이중의 액자로 처리된 그림이라고 할 수 있다. 만일 조선시대 민중의 교육을 보는 사회적 인식이 오늘날처럼 학동들의 인권 문제에도 조명된다면 아마도 김홍도는 이런 모습의 서당 풍경을 그리지 못했을 것이다. 그러나 당시 훈장은 학동들을 권위로 장악했으며 때로는 체벌로 때로는 위엄으로 훈육했고 학생들이나 학부모들은 이를 자기 자녀들에 대한 당연한 애정의 징표로 받아들였다. 한마디로 훈장이 당시 사회로부터 부여받은 상대적인 절대 위치를 그림을 통해 보여 주고 있는 것이다. 이처럼 조선시대에 훈장을 바라보는 사회적 프레임은 꾸짖음과 절제된 체벌 장면을 그린 「서당」이라는 작품을 둘러싼 또 하나의 액자 역할을 담당하고 있다.

인도의 성인 간디도 아들의 훈육에 실패하여 좌절의 세월을 보냈다. 장남 할리랄이 태어났을 때 간디의 나이는 19세였다. 그러나 그는 영국 유학, 남아프리카공화국의 인권 운동 등에 집중하느라 약관(弱冠)과 입신의 시기에 자녀들을 차분하게 돌볼 시간을 갖지 못했다. 그래서인지 할리랄은 아버지의 이상주의적 교육에 일찍부터 반항했고 아버지의 허락도 받지 않은 상태에서 결혼까지 하고 말았다. 간디는 아들은 물론이고 며느리까지도 매우 엄격하게 다스렸다. 그러던 중 간디와 할리랄이 남아프리카공화국에 머물고 있을 무렵 결정적인 사건이 터졌다. 간디의 친구가 영국으로 유학을 희망하는 학생 한 명을 추천하면 장학금을 주겠다고 제안했는데 간디가 자기 아들에 비해 성적이 낮은 다른 젊은이를 추천했던 것이다. 할리랄의 나이 48세가 되던 해인 1936년, 그는 결국 힌두교를 버리고 종교적 대척 관계에 있는 이슬람으로 개종했다. 아버지에 대한 복수로 그보다 좋은 방법은 없다고 생각했던 것이다. 할리랄은 술과 여자로 방탕한 생활을 하다가 성인 간디가 세상을 하직한 1948년 여름에 몸바이의 요양소에서 폐결핵으로 사망했다.

지금까지 언급한 이문건의 『양아록』, 단원의 풍속도 「서당」, 간디의 자녀 양육 사례는 각각의 사연은 다르지만 한 가지 공통점을 보여 준다. 그것은 성공과 실패라는 결과론적 평가를 떠나 자녀의 훈육의 중심에 할아버지, 훈장, 아버지 등의 어르신들이 있었다는 사실이다. 김홍도의 그림에서 훈장은 단순히 자신의 권위로 학동들을 꾸짖었던 것이 아니다. 그러한 훈육 방침에 대한 '액자의 액자'로서의 사회적 지지가 화첩 바깥에 바윗돌처럼 굳건하게 자리 잡고 있었다는 점에 주목해야 한다.

그러나 오늘날에는 이전에 지지를 받았던 훈육의 중심이 실종되어 버렸다. 교육의 중심에 교사가 없고 국회에는 바르고 성실하게 입법 활동을 하는 국회의원이 없으며 공무원 사회에는 영혼이 없고 사법부의 재판도 방청석의 난동으로 어지럽다. 군인과 경찰 조직도 국민이 그들의 공권력을 지지해 주지 않기 때문에 아무런 힘이 없으며 심지어 종교 지도자들조차도 그 이데올로기를 돈과 바꿈으로써 아무런 힘을 갖지 못한다. 이제 우리 사회에는 중심점 역할을 하는 그 무엇도 남아 있지 않다고 말해도 지나치지 않다.

그렇다면 소위 '어르신'이라 불리는 노인들은 어떨까? 물론 아무런 힘도 권위도 없다. 이문건처럼 혼신을 다하고 서당의 훈장 못지않게 어르고 다그치며 자녀를 키웠던 중년의 시절이 있었지만 되돌아오는 것은 할리랄을 보는 간디처럼 속 터지는 일뿐이다. 가정 안에서 어려운 문제가 발생할 때마다 집안 어른에게 지혜를 묻고 그들의 경험을 기준으로 삼아 왔던 젊은 자녀들이 이 시대에는 더 이상 남아 있지 않다. 이제 젊은이들은 그 해답을 노인 대신 디지털 미디어에서 구한다. 과거와 미래를 현재 시점의 증강 현실로 언제든지 불러낼 수 있고, 전 세계인의 체험을 불러올 수 있는 검색망인 스마트폰이 호주머니 안에 있는데 무엇 때문에 노인의 경험과 기억이 필요하겠는가? 디지털 미디어의 확산과 그것의 사회적 침투는 어느 틈엔가 이 시대 노인들을 능력 없고 사회적 기여도 없는 대상으로 전락시켰다. 노인들이 무능한 존재로 변했다기보다는 노인들을 그 자리에 둔 채 디지털 미디어가 지배하는 새로운 영토로 시대가 이주해 버린 탓이다. 지난 시간에 속한 것들을 낡은 것으로 만들면서 생활의 양태가 달라지고 있다는 점을 지적하지 않을 수 없다. 이제 단순히 나이를 많이 먹었다는 이유 하나만으로 존경을 강요할 수 없게 되었다. 그것은 사회적 무능함을 더욱 강조하는 희극성이 두드러지는 일에 불과하기 때문이다.

쌓아 온 지식도 쓸모 없게 되고 지혜를 구하는 이도 없을 때 노인들이 할 수 있는 일은 무엇일까? 이제는 노인들이 사회적 중심으로 자리할 수 있도록 아무도 지지해 주지도 않을 뿐 아니라, 가족 구성원들이 보내는 존경도 그 형식만 간신히 남아 있을 뿐이다. 그래서 충분한 경제력이 있는 소수의 노인들을 제외하고 대부분은 집 안에 더 이상 머무를 수 없게 되었다.

「서울시 종로 노인문화 활성화 방안에 관한 활성화」라는 논문을 쓴 이구석에 따르면 종묘와 탑골공원 이용자 중 약 70퍼센트가 '동년배 노인들과 시간을 보내기 위해서' 이 공간을 이용하고 있다고 응답했다고 한다. 운동을 겸해서 나온다는 응답도 있었는데 이 서술은 두 가지 함의를 가지고 있다. 첫째 '동년배 노인들'이라는 표현은 이들이 다른 연배, 즉 다른 세대와 소통이 단절되었거나 격리된 상태로 시간을 보낼 수밖에 없는 처지에 놓여 있음을 시사한다. 둘째 '시간을 보내기 위해서'는 시간의 사용자에게 능동성이 결여되어 있음을 드러내는 표현이다. 이는 '내'가 시간의 주체적 사용자의 입장에 있지 않고 시간의 흐름에 내맡겨져 있다는 수동적 양태성을 드러낸다. 가까운 지역에서 비슷한 연령의 친구끼리 어울려 즐길 수 있으면 무엇 때문에 탑골공원이나 종묘시민공원까지 나오겠는가. 어울릴 수 있는 친구가 있고 이곳에 나오는 노인들보다 형편이 나으면 두세 명씩 모여 전철을 타고 춘천에 가서 점심을 먹을 수 있다. 1시간 20분이면 무임승차의 혜택을 누리면서 별미인 막국수나 닭갈비를 먹고 기분 전환도 할 수 있다. 비슷한 시간 안에 온양에 갈 수도 있고 독립기념관 근처 병천에 가서 순대를 먹을 수도 있다. 때로는 북한산 등반 모임에 낄 수도 있다. 그러나 이러한 행보에는 돈이 든다. 각자 낸다고 해도 최소한 만 원짜리 한 장은 갖고 있어야 한다. 공원에 나오는 노인들에 비해 경제적 여유가 조금만 있어도 동년배들과 시간을 보낼 수 있고 운동을 겸할 수 있는 프로그램을 얼마든지 짜서 즐길 수 있는 것이다. 그러나 종로에 나오는 노인들은 경제적 여유가 없기 때문에 능동적으로 프로그램화할 수 있는 일이 적다. 그래서 한결같이 화면의 중심이 아니라 액자 밖에 있으며 자신들이 중심에서 소외되어 있음을 스스로 인정한다. 그리고 그 사실을 몸으로 받아들인다.

액자 밖에 있는 노인들에게 우리 사회는 아무것도 요구하지 않는다. 그들은 그림이 아니기 때문이다. 이문건처럼 양육의 중심에 있어 달라고 요구하지도, 김홍도의 그림 속 훈장처럼 젊은이를 훈도하라고 부탁하지도 않는다. 또 간디처럼 가슴앓이를 해야 할 자녀의 문제가 주어지지도 않는다.

그러므로 공원에 머무는 노인들에게 시간은 느리게 흐른다. 원하지는 않았지만 어느 틈엔가 그들은 슬로우 시티의 시티즌십으로 남겨진 것이다.

이렇게 본다면 종묘와 탑골공원에 모이는 노인들은 변화의 내용보다 변화의 속도에 충격을 받아 시대의 중심으로부터 떨어져 나온, '시대가 남기고 간 잉여 인간의 집합'이라고 보아도 지나치지 않다.

14

늙은 디오니소스의 밤

태양이 지고 땅거미가 내려오면 하루해가 저문다고 말한다. 기원전 그리스인들은 석양을 보고 하늘의 신 우라노스가 대지의 신 가이아와 잠자리를 하려고 내려오는 행위라고 해석했다. 밝고 환하던 대지 위에 황혼이 드리워지기 시작하면 정말로 하늘이 그 크기만 한 넓고 얇은 망토를 입고 서서히, 그리고 사뿐히 내려온다는 느낌이 든다. 제1차 신들의 대전쟁이 일어났을 때 카이로스는 땅거미가 내리는 시간을 기다려 아버지 우라노스의 음경을 낫으로 잘라 그를 제거한 다음 제2대 주신(酒神)이 되었다.

하루라는 개념은 낮 시간과 함께 밤 시간까지 셈해야 한다는 사실을 모르는 사람이 있을까. 그런데 사람들은 '하루'와 '해'를 묶어서 '하루해가 저문다'라고 하거나 아예 더 줄여서 '하루가 저문다'라고 말한다.

말하자면 '하루'와 '해'를 동의어로 보고 이성이나 의식이 작동하지 않는 잠자는 시간은 '하루'라는 개념에서 제외하는 것이다. 이러한 이유로 그리스에서는 아폴론을 낮을 지배하는 '합리적인 이성'의 신으로 보았다. 그는 언제나 밤의 어둠을 몰아내고 밝음에서 오는 명석함과 냉철함, 조화와 아름다움을 추구하는 '태양의 신'이었다. 그리스 사람들은 아폴론의 맞은편에 디오니소스를 두었다. 하루가 낮뿐만 아니라 밤까지 포괄하고 있는 것처럼, 인간에 대

「바쿠스(Bacchus)」, 미켈란젤로, 1497, 바르젤로 미술관

한 그림은 명철하고 합리적인 이성이 작동하는 붓으로만 그려질 수 없고 이로부터의 일탈까지를 묘사해야 완전한 그림이 될 수 있다고 보았기 때문이었다. 물론 합리적인 이성이 인간 생활의 가장 중요한 본령(本領)임을 모르지는 않지만 잠을 자지 않는 자가 없듯이 인간은 결코 아폴론적인 삶의 양태만으로 구성될 수 없는 존재라는 것이다. 익히 알고 있는 바와 같이 디오니소스는 '술의 신'이다. 기원전 6세기 고대 그리스 시대에는 1년에 한두 번씩 디오니소스 축제를 벌였다. 축제가 벌어지는 일주일 동안 축제에 참여하는 시민들은 모두 술을 마셨으

며 나름대로의 격정에 사로잡혀서 그에게 바치는 찬가인 '디튀람보스(dithyrambos)'를 불렀다. 술은 인간의 이성을 서서히 마비시켜 마침내 원초적이고 동물적인 욕망의 세계로 유혹한다. 그래서 축제의 참여자들은 일상의 모습에서 벗어나 삶의 부조리함에서 오는 고통과 그와 함께 솟아오르는 격정과 환희가 교차되는 파토스(pathos)에 몸을 맡겼다. 이 기간 동안 그들은 일상적 현실의 논리가 펼치는 속박으로부터 벗어나 해방구에 머물 수 있었다. 이러한 까닭으로 오늘날 디오니소스는 파토스의 대명사가 되었다.

아리스토텔레스는 「시학」 제1장에서, 주신 디오니소스에게 바치는 찬가인 디튀람보스가 시간이 흐르면서 문학적 형식을 띠게 되었고 후일 비극이나 희극 등의 연극으로 발전했다고 말한다. 이렇게 해서 이 두 신은 마주 바라보는 대극적인 위치에서 있으면서 그리스적 성격과 문명을 대표하는 신이 되었다.

우리나라에도 디오니소스 축제와 비슷한 전통 놀이가 있다. 바로 '안동 하회탈놀이'다. 안동에서는 하회마을(경북 안동시 풍천면)의 안녕과 주민의 무병장수를 기원하는 동제(洞祭)가 매년 거행되는데 별신굿은 3년 내지 10년 터울로 이루어졌다. 이 별신굿의 일부로 진행된 탈놀이가 오늘의 '하회탈놀이'다. 원래 별신굿은 아무 때나 열리지 않는다. 이 굿은 정월 초삼일에 별신굿을 주관하는 도산주(都山主)와 함께 마을 사람들이 병산서원 뒤 산등성이에 있는 서낭당에 가서 신탁을 받아야 열 수 있다. 신탁이 없으면 그 해에는 별신굿을 하지 못한다. 신탁을 받으면 그곳에 올라갔던 젊은이들이 부네, 선비, 양반, 각시, 파계

승, 할미, 백정, 이매, 초랭이 등 모두 아홉 가지의 탈을 쓰고 마을로 내려온다. 이웃이 알아보지 못하게 가면을 쓰고 얼굴을 가린 그들은 평소에 할 수 없었던 온갖 쓴소리를 마음껏 뱉어 냈다. 그것은 개인의 목소리가 아니라 가면 속에서 매개된 신의 음성이었다. 그래서 당시의 양반이나 선비들은 백정, 이매, 부네, 초랭이들의 놀림감이 되더라도 처벌을 하지 않았다. 처벌을 하는 것은 신의 영역에 개입하는 불경을 저지르는 일이라 여겼기 때문이다. 별신굿은 하층 민중의 한풀이가 한바탕 치러지면서 카타르시스 작용이 이루어지는 행위였다. 별신굿이 끝나고 서낭당에 가서 다시 탈을 보관하고 내려오면 젊은이들은 아폴론적인 일상으로 되돌아왔다. 그 일상은 묵은해의 일상이 아니라 이미 온 마을 사람들의 가슴속에 남아 있는 심리적 찌꺼기를 태워 버린, 즉 영적 정화가 이루어진 뒤 새롭게 시작하는 일상인 것이다. 그래서 안동 별신굿 탈놀이에서는 소위 '탈을 벗기 위해서' 탈을 쓴다. 일종의 디오니소스적인 축제인 이 별신굿은 정해진 대본이 없는 상태에서 신의 목소리를 마음껏 낼 수 있었다. 지금은 실질적으로 신 내림의 제의가 이루어지지 않으며 따라서 신탁도 이루어지지 않는다.

사라지는 별신굿 전통을 안타깝게 여긴 전 안동문화원장 류한상은 1928년 이후로 자취를 감춘 탈놀이를 1980년대 초에 경험자의 채록을 통해 복원시키는 데 성공했다. 그러나 그의 공헌에도 불구하고 신탁이 사라져 버린 지금은 채록된 내러티브의 형식만 남게 되었다. 이는 복원 작업이 가진 어쩔 수 없는 숙명일 것이다. 신탁은 원래 열광적인 입신(入神) 상태를 수반하므로 어떤 형식으로도 그것을 구속할 수 없다.

따라서 일정 형식의 틀 속에 이를 구속시키는 순간 그것은 신탁이라고 말할 수 없게 된다. 디오니소스에게 바치는 디튀람보스가 훗날 연극으로 발전되었듯이 이 탈놀이는 이제 신탁 없는 공연의 대상이 되었다.

그리스어로 디오니소스는 아프로디테가 베누스가 되고 제우스가 유피테르(쥬피터)가 되었듯이 로마 시대에 이르러 바쿠스(Bacchus)라는 라틴어가 되었고 오늘날 영미권의 바커스가 되었다. 그리고 우리나라에서는 일본어 발음을 차용해 동아제약의 제품 브랜드명인 '박카스'가 되었다.

종묘시민공원에는 그 박카스를 파는 아줌마들이 있다. 이들은 속칭 '박카스 아줌마'라고 불린다. 이들은 파고다공원 시절부터 공원 주변을 서성였던 여인들이다. 그때는 정말로 박카스를 내놓고 팔았는지도 모른다. 그렇지 않고서야 그들이 어떻게 이런 닉네임을 얻을 수 있었겠는가. 그러나 지금은 공원의 서남쪽 입구의 편의점에서 각종 음료를 포함한 웬만한 일상용품은 다 취급하고 있어서 박카스를 드러내 놓고 파는 아줌마는 발견할 수 없다. 젊은 여성보다는 나이가 들어 보여서 그들이 종묘를 구경하러 온 일반 관광객인지 아닌지 구별하기 쉽지 않아 더욱 눈에 잘 띄지 않는다. 그러나 그들을 식별하게 하는 특징이 있다. 그들은 종묘공원의 중심에 자리를 잡지 않고 주로 공원 펜스 근처에 있으며 한자리에 오래 앉아 있지 않고 주변을 돌아다니며 말 붙일 상대를 물색한다. 공원에 매일처럼 출근하는 사람들은 서로가 눈에 익기 때문에 어림잡아 그들을 식별해 낼 수 있다.

그들에게는 공원 주변에서 500원에 파는 커피 한 잔이 아쉽다. 비록 자판기 수준에 불과한 커피라 해도 이름 모를 남자로부터 커피를 받았다는 사실은 사연이 진행될 중요한 단초가 되기 때문이다. 이 커피는 얼마 지나지 않아 근처의 소주 가게나 노래방으로 이어진다. 소주 한 잔은 1000원인데 작은 잔이 아니라 소주 한 병의 절반에 해당한다. 여기에 옹색하지만 몇 가지 안주가 제공된다. 여기까지는 씀씀이가 적은

「카산드라의 습작(Cassandre figure d'étude)」, 제롬 마르탱 랑글루아, 1810, 상베리 미술관

카산드라는 트로이의 마지막 왕 프리아모스의 딸이며 미모를 겸비한 예언자다. 태양의 신 아폴론은 자신의 구애를 그녀가 거절했다는 이유로 그녀의 예언을 사람들이 믿지 않도록 만들었다. 트로이를 점령한 그리스의 아가멤논이 그 미모에 빠져서 그녀를 전리품으로 아테네로 데리고 갔지만, 아가멤논과 함께 그의 부인 클뤼타임네스트라에게 살해된다. 종묘시민공원에는 외부 관찰자들이 상상하는 것과 같은 미모의 여인 카산드라는 존재하지 않는다.

데다 대부분의 돈이 판매상에게 돌아가기 때문에 그들에게 큰 소득이 없다. 다음 순서는 이제 박카스 아줌마들의 요리 솜씨에 달려 있다고 할 수 있다. 일단 거미줄 위에 붙은 나비를 어찌 그대로 다시 날아가게 내버려둘 수 있을까?

말벗이 없고 외로운 노인들, 존재감의 상실에서 오는 고독을 달래지 못하는 노인들과 아줌마들은 이렇게 해서 얼어 있는 서로의 가슴을 녹인다. 어쩌다 돈의동 뒷골목이나 노래방에서 시간을 보내는 커플이 있을 수도 있겠지만 외부인들이 상상하는 것만큼 심각한 수준은 아니다.

그들은 젊은 여성에 비해 성적 매력이 현격히 떨어진다는 점에서 외부인들의 일차적인 우려를 걷어 낸다. 수입을 얻어야 할 필요성 때문에 나온 아줌마들이기는 하지만, 그들이 상대하는 노인들 역시 매력 없고 주머니 사정이 여유롭지 못한 처지니 지각없는 불장난은 쉽게 일어나지 않는다. "남자든 여자든 모든 개체는 아이를 낳기에 가장 적합한 시기로부터 멀어짐에 따라 이성을 끌어당기는 성적 매력을 잃어버린다. 남녀 결합의 목적은 종의 번식에 있는 것이지 개체의 쾌락에 주어져 있는 것은 아니다."라는 쇼펜하우어의 말은 이러한 현상을 이해하는 데 도움이 된다. 그의 주장대로라면 박카스 아줌마들이나 노인들은 아이를 낳을 가능성으로부터 멀어져 있기 때문에 육체적인 욕망이나 그것에 연유한 갈증의 노예가 되어 만나는 일이 흔치 않다.

다른 이유로는 외간 남자와 말을 섞거나 교제를 하는 경우에 발생하는 정서적 측면, 즉 두려움과 수줍음을 이들 아줌마에게 찾아보기 힘들다는 것이다. 두려움은 위반 이후의 처벌을 상상할 때 오는 정서 상태며 수줍음은 저질러질 위반을 원하면서도 그리할 수 없는 심리 상태를 육체가 미처 감추지 못할 때 일어나는 비언어적 기표라고 본다면, 공원의 아줌마들로부터 야릇한 매력을 느끼는 노인들은 그리 많지 않다. 역설적인 말이지만 남자들의 욕망에 불을 지르는 것은 도덕적으로 금지되어 있는 일에 대한 위반을 체험할 가능성에 노출되는 경우다. 가장 큰 위반의 외설성은 여인의 아름다움과 순결이 자기에 의해 더럽혀짐으로써 벌어지는 처벌과 사회적 비난에서 온다. 그러므로 여인이 아름다울수록, 그 순결함에서 오는 수줍음이 크면 클수록 남자들에게 강렬한 위반의 유혹을 불러일으킬 수 있다. 그러나 박카스 아줌마에게 그러한 위반의 강렬한 유혹을 느끼는 노인들은 거의 없다. 유자껍질 같은 거친 피부의 그들은 수줍어하는 대신 더 적극적인 태도를 취한다. 이렇게 본다면 일부 노인들과 박카스 아줌마들의 교제는 고독과 외로움을 달래기 위해 서로를 필요로 할 뿐이지 젊은이들처럼 육욕의 상호 해소책을 상대로부터 구하는 행위가 앞선다고 말하기는 어렵다. 그러나 아무리 나이를 먹어서 만나는 관계라 할지라도 이성은 이성이기 때문에 밤의 여신 닉스(Nyx)의 커튼 뒤에서 어떤 일이 벌어지는가를 외부인이 짐작하기란 쉽지 않다.

　종묘시민공원 공간 대부분은 아폴론이 지배하고 있다. 보수와 진보의 시국강연, 바둑과 장기 게임, 법륜공 참선, 서화작품의 판매, 상호 담소 등은 아폴론의 마당에서 펼쳐진다. 그러나 비록 작은 규모라 할지라도 그 공간의 틈새에서는 디오니소스에게 바쳐지는 파토스적인 찬가가 조용하면서도 은밀하게 연주되고 있다. 이는 비난에 앞서 경이로운 일이 아닐 수 없다. 왜냐하면 여기에 모인 노인들이 아직도 생생하게 살아 있음을 보여 주는 표징이기 때문이다. 이 두 가지를 동시에 말하지 않는다면 종묘시민공원에 대한 그림을 완성했다고 할 수 없을 것이다.

박카스 아줌마의 하루

우리는 종묘시민공원에 모여드는 노인들을 관찰자의 입장에서 바라보기 쉽다. 이러한 시선을 거두려면 실제로 매일 그곳에 들러 그들과 시간을 보내며 내부자(insider) 생활을 하지 않으면 안 된다. 거기 모이는 사람들의 거주지, 이전 이력, 이름까지는 잘 알 수 없겠지만 일단 내부자가 되면 시간이 흐를수록 조금씩 낯익은 사람들이 생겨나고 그들이 어느 위치에서 어떻게 시간을 보내는지 행동 패턴을 익힐 수 있다. 그러나 이런 상태까지 이르려면 그들과 마찬가지로 종로2가의 탑골공원부터 종로3가 역, 종묘시민공원 근처에서 시간을 물 쓰듯 쓰지 않으면 안 된다. 아무 영양가 없는 이야기를 한정 없이 들어야 하고 선교단체들이 벌이는 예배에 참석해야 하며 시국강연을 듣거나 장기 혹은 바둑을 두어야 한다. 그러다 보면 대화하기 좋아하는 사람, 게임을 즐기는 사람, 시국강연장에 자주 참석하는 사람, 예배 모임에 얼굴을 내미는 사람을 구별할 수 있다. 이때쯤이면 말을 군이 걸지 않아도 낯설어 보이는 사람들이 눈에 들어온다. 잠시라도 한곳에 머물지 못하고 신기한 듯 여기저기를 기웃거리는 사람, 옷이나 신발의 품새가 어딘지 낯설고 사람을 대할 때 눈동자가 흔들리는 이, 그들은 대부분 처음이거나 그곳을 드물게 출입하는 사람들이다.

이런 부류의 방문객이나 무심한 일반 시민들 혹은 도시 정책 입안자의 눈에 종묘시민공원에 모여드는 노인들은 특별하게 기획된 수납공간에 이주시켜야 할 대상으로 간주되기 쉽다. 경관을 해치고 도시의 특별한 지역을 비생산적인 불활성 공간으로 물들이는 무리들을 누가 얼마나 긍정적인 시각으로 보려 하겠는가? 도쿄의 롯본기처럼 젊은이들이 모여든다면 오히려 훌륭한 관광자원이 될 수 있다. 그러나 아무리 단속을 해도 해충처럼 모여드는 탑골공원의 노인들은 관광자원은커녕 부끄러워해야 할 대상이 되었다. 2002년 탑골공원 정비사업은 정책 입안자의 이러한 시선이 작동해 얻어진 유출물이다. 월드컵대회를 서울에 유치해 놓았는데, 외국인들에게 쉽게 노출될 도심 한 가운데를 그 상태로 방기할 수만은 없었던 것이다. 당시 서울시는 파고다공원의 노인들을 따로 이주시키기 위해서라기보다 탑골공원을 역사·문화 공간으로 재정비해 성역화하기 위해서라는 명분을 내걸고 그들을 수용할 기관을 새로 만들었다. 파고다공원으로 흔히 불리던 공간이 그때부터 탑골공원으로 공식 명칭이 바뀌었다. 정비사업의 일환으로 서울노인복지센터가 설립되었을 때 서울시는 할일 없는 노인들을 공적 공간에 수용할 수 있게 되기를 기대했다. 정책입안자와 시행자들은 탑골공원에서 이루어지고 있던 놀이 대부분을 서울노인복지센터의 프로그램으로 수용하고, 보건복지시설과 무료급식, 노인 취업 및 상담 시설까지 업그레이드시켰기 때문에 장소를 옮긴 노인들을 기대 이상으로 만족시킬 수 있으리라고 생각했다. 동시에 도심도 깨끗하게 정비되기를 기대했다. 그러나 그 기대는 공간을 두 개로 늘어난 엉뚱한 결과를 가져왔다.

이 사업을 계기로 탑골공원에 모여드는 노인들이 단일한 성향으로 파악될 수 없는 다층위의 의식 집단이라는 사실이 밝혀졌다. 상당수 노인들이 서울노인복지센터로 수용되지 않고 현재의 종묘시민공원으로 이주하면서 그 장소가 더 많은 노인들을 불러들이는 모액 속의 소금알갱이의 역할을 하게 된 것이다. 이때 '박카스 아줌마'라고 불리는 일군의 집단도 서울노인복지센터로 수용되기를 포기하고 종묘행 노인들을 따라 이동했다. 그들은 공적 공간으로 이주할 수 없는 생태적인 약점을 지니고 있기 때문이었다. 그들은 표면상 박카스를 팔아서 생계를 유지하는 아줌마 집단이다. 한 병에 600원을 주고 구입해서 노인들에게 1000원을 받아 400원을 남기는 장사를 한다. 그래서 박카스 한 박스를 팔면 4000원을 남긴다.

노인들이 무슨 절실한 필요로 이들 아줌마들에게 박카스를 사 마시겠는가. 업무를 차

종로3가 역
매일 오후 4시부터 6시 경, 앞쪽에 보이는 '타는 곳' 표지와 뒤쪽에 작게 보이는 '타는 곳' 표지 사이 공간에서 이곳을 서성이는 노인들을 유혹하는 아줌마들을 만날 수 있다. 이들은 종묘시민공원의 아줌마 그룹보다 평균적으로 약간 젊지만 성의 유혹은 그만큼 강하다.

질 없이 처리하기 위해 졸음을 쫓아야 할 필요도 없고 각성상태를 유지하며 학습에 매진할 이유도 없으므로 노인들은 사실상 이 제품의 목표 소비자 집단 외곽에 있는 고객들이다. 특히 종묘시민공원의 중심부에 있는 노인들, 즉 시국강연이나 예배에 참석하거나 장기나 바둑 게임을 즐기고 있는 노인들은 더더욱 소비자가 아니다. 왜냐하면 그들은 사랑의 게임을 하기에는 나이가 너무 많다고 자인하거나 주머니 사정이 여유롭지 못한 탓에 울타리 주변에서 서성일 수밖에 없기 때문이다. 공원의 변두리에는 간단한 식당과 소위 다찌노미(공간이 좁아 서서 마시는 술집) 소주 한잔 집, 그리고 골목 모퉁이에서 각종 차를 파는 커피 아줌마들이 자리 잡고 있다. 이들과 박카스 아줌마들은 악어와 악어새와 같은 상호 이익관계를 맺고 있다. 자신들의 닉네임이 된 박카스를 팔기 위해 애쓰는 아줌마를 실제로 목격하는 일은 매우 드물다. 그들은 노인들을 유인해서 커피를 사 달라고 조르고 소주 한잔 마시고 싶은데 사주면 좋겠다고 말을 붙이면서 늙은 나비들을 유혹한다. 물론 박카스 아줌마들 가운데 외관상 젊은 여성은 없다. 젊다고 해도 50대 중반을 넘기거나 환갑을 바라보는 연령이며 대부분 60대 초중반이다. 이곳의 노인들이 나이가 워낙 많아 상대적으로 아줌마로 불릴 뿐 영락없는 초로의 여인들이다.

그러나 그들은 일반인들이 알고 있는 것처럼 드러내 놓고 매춘 행위를 하는 집단이 아니다. 「서울시 종로 노인문화 활성화 방안에 관한 연구」에서 이구석는 이곳을 출입하고 있는 노인들의 약 27퍼센트 정도가 성매매 호객 행위를 경험했다고 보고하고 있는데 그중 대부분이 경제적인 피해를 보았고 일부가 성병 때문에 피해를 보았다고 응답했다고 한다. 처음부터 성매매를 목적으로 노인을 유혹하는 아줌마는 공원보다는 종로3가 역에 주로 자리를 잡고 있다. 그래서 그곳은 당국의 단속도 심한 편이다.

박카스 아줌마는 다른 노인들처럼 아침 일찍부터 공원에 출근하지 않는다. 보통 아침 겸 점심을 먹고 12시가 넘어야 나타난다. 아침부터 그들과 수작을 걸 노인들은 없기 때문이다. 그들의 하루는 너무도 힘겹다. 상대할 고객이 경제적으로 여유가 없는 계층인 데다가 자신들이 성적 매력으로 상대를 유인할 힘을 이미 잃어버린 상태라는 사실을 누구보다 잘 알고 있기 때문이다. 단골 노인들은 낯이 익어서 말 걸기가 수월한 편이지만 서로의 형편을 잘 알고 있기 때문에 속칭 바가지를 씌울 수 없다. 그래서 그들과 대화는 하지만 수입을 기대하지는 않는다. 기껏해야 커피 한잔 사달라고 조르거나 소주 한잔 마시지 않겠느냐고 떠보는 정도이다.

박카스 아줌마의 하루는 익숙한 상대가 아닌 새로운 고객을 확보하는 일로 시작된다. 커피 한잔을 마실 상대를 구하면 그날의 업무를 개시했다고 보면 된다. 커피 아줌마한테 직접 사면 500원이면 되지만 박카스 아줌마와 같이 마시면 1000원씩을 주어야 한다. 그러나 커피를 아무리 많이 마신다 해도 거기에서는 푼돈밖에 기대하지 못한다. 낯선 분위기를 부드럽게 하거나 수익을 위해서라면 술만 한 것이 없지만 상대에게 술을 사게 하는 일은 결코 쉽지 않다. 이 단계가 중요한 고비다. 운 좋게 술 상대를 만나면 그때부터 남자를 다루는 병법(甁法)이 펼쳐진다. 상대와 경우에 따라서 다르기는 하지만 대체적으로 소주 두세 병 마시는 정도로 밀회는 마무리된다. 소주 한 병을 아줌마들과 마시면 안주값 포함하여 만 원을 줘야 하므로 한 병을 팔면 대략 8000원 정도가 아줌마들이 챙길 수 있는 몫이라고 보면 된다. 경제적으로 여유로운 상대를 만나면 노래방도 가고 더 은밀한 장소를 찾기도 하겠지만 공원에서 호기 있게 돈을 쓸 수 있는 사람은 없다는 사실을 잘 알기에 그쯤에서 마무리한다. 그러나 그만한 상대를 만나는 일조차 흔하지 않으니 늘 마음만 분주하게 하루를 보낼 수밖에 없다.

　박카스 아줌마들의 삶은 그들이 잃어버린 성적 매력을 자각하고 있다는 점에서 더욱 고단하고 서글퍼 보인다. 그들은 기회가 닿는 대로 커피와 소주를 마셔야 수익이 발생하기 때문에 기호(嗜好) 행위가 노동으로 탈바꿈된 현실을 몸으로 받아들이지 않으면 안 된다. 한마디로 그들은 건강을 조금씩 깎아 팔지 않으면 돈이 되지 않은 척박한 현실에 노출되어 있는 셈이다. 그러나 아줌마들은 돈도 없고 성적 에너지 역시 기대할 수 없는 노인들로 구성된 시장 구조에 생존을 위해 타협한다. 그들은 새로운 손님에게 어느 정도 바가지를 씌울 것인지 눈치 빠르게 저울질한다. 돈이 얼마나 있는지 또 얼마나 쓸 수 있는지를 계산하고 섬세하게 접근한다. 시장층이 너무 얇아서 그마저 깨져 버릴 가능성이 크기 때문이다. 그들은 고객에게 큰돈을 요구할 수도 없지만 요구해서는 안 된다는 시장의 현실을 너무나 잘 알고 있다. 새로운 고객이 공원에 두 번째로 모습을 나타내면 이제 그는 아줌마의 관리 대상이 된다. 그가 만일 특정한 아줌마와 가까이 지내는 눈치면 다른 아줌마들은 적절하게 거리를 유지하여 그들의 관계를 돕는다. 자연스레 어울려 커피도 마시고 술도 마시지만 처음처럼 부담스런 요구는 차츰 줄어들고 크지 않은 수입에도 만족한다. 그들이 바라는 가장 이상적인 관계는 서로가 아껴 주는 사이로 발전하는 것이다. 그렇게 되더라도 서로의 형편을 잘 알기 때문에 적은 수입밖에 기대할 수 없지만 기분에 따라 노래방도 가고 다른 원하는 곳에도 갈 수 있다. 이러한 관계로 발전할 수 있는 것은 종묘시민공원이라는 시장이 변수가 적고 안정되어 있기 때문에 가능하다. 하루에 대략 2, 3000명이 드나드는 그곳에는 약 2, 30명의 박카스 아줌마들이 있다. 노인들은 외롭기 때문에 이따금 아줌마들을 필요로 하고 아줌마들은 그러한 노인들로부터 떨어지는 부스러기 수입을 필요로 한다. 사회적 규범을 깨뜨리며 저돌적으로 상대를 탐닉하기에는 나이가 너무 많다는 사실은 서로가 잘 알고 있다.

해학적인 풍속도의 대가 혜원의 그림에서처럼 종묘시민공원에는 두 남녀의 만남을 감싸 줄 어스름한 초승달이 필요한 것도 아니고, 그들의 밀회를 관음증을 가지고 훔쳐볼 사람이 있지도 않다. 신윤복은 「월하정인」을 그리면서 어둠이 필요할 것 같아 조도 낮은 초승달을 지붕 곁에 그렸다. 그리고 "어두운 삼경, 달빛은 침침한데, 두 사람의 마음은

위 「월하정인(月下情人)」, 신윤복, 18세기, 간송미술관
아래 「월하밀회(月下密會)」, 신윤복, 18세기, 간송미술관

그들 외에 누가 알랴(月沈沈 夜三更. 兩人心事 兩人知)"라는 화제(畵題)를 담벼락 부분에 써넣음으로써 청춘남녀의 데이트가 풍기는 비릿하고 아련한 분위기를 그렸다. 그리고「월하정인」에는 정인들을 훔쳐보는 중년의 관음증을 돕기 위해 너무 침침해 보이지 않도록 보름달을 그려 넣었다.

그러나 종묘시민공원의 박카스 아줌마와 함께 하는 밀회는 이처럼 아련한 분위기도 없고 또 그들을 훔쳐보고자 하는 호기심 많은 노인들도 없다. 크게 보아 두 가지 측면에서 그렇다. 하나는 시쳇말로 산전수전을 겪은 늙은 남녀들 사이에 은밀함이 끼어들 정서적 여백이 없기 때문이고 다른 하나는 지갑이 얇기 때문이다. 그래서 그들의 대화는 늘 애매하기 짝이 없다.

다만 노인들에게 박카스 아줌마는 젊은 날 그의 마음을 흔들어 놓고 흘러가 버린 아름다운 연인들을 회상하기 위한 단서에 불과하다. 아줌마들의 눈을 통해서 옛 연인의 눈을 회상하고 코허리의 주름을 통해 웃음을 회상하고 입술을 통해 달큼했던 미각을 회상하려 하지만 다 부질없는 일일 뿐이다. 회상의 단서는 찰나적인 반면, 속히 소주잔을 비우고 다음 한 병을 권하려는 아줌마의 탐욕스러운 입주름은 눈앞의 현실이다. 냉정한 현실은 고독의 해소란 여기에서 불가능하다는 엄연한 자각을 일깨운다. 이 때가 자리를 털고 일어나게 되는 때이다.

남자 노인들에 의해 일이 시작하고 그들에 의해 마무리되는 듯하지만 정확히 말해 이 시장은 아줌마들이 관리하는 시장이다. 새로운 고객을 조심스레 길들여서 가까운 관계로 만들어 사육하고 운영하는 시장이기 때문이다.

박카스 아줌마는 하루해가 저물면 커피 파는 아줌마나 부근 식당의 아줌마들과 그날의 거래 내용을 결산한다. 어쩌다 같이 어울리는 무리와 간단히 저녁을 나누기도 하지만 필요 이상으로 마신 커피와 술 때문에 속이 좋지 않은 탓인지 아줌마들끼리 식사를 함께하는 경우는 흔하지 않다. 그들은 왜 이토록 고단하게 하루를 보내야 하는지 해답을 구하지 못한 채 지친 몸을 전철에 싣는다. 그리고 생활이 기다리는 현실 공간으로 발걸음을 옮긴다. 박카스 아줌마에게 종묘시민공원이란 낭만의 공간이 아니다. 그곳은 매일같이 서바이벌 게임이 벌어지는 처절한 각개전투장일 뿐이다.

5부

죽기 위해 산다

종묘시민공원에 드나드는 노인들은 삶을 이승의 삶으로 한
정하는 매미와 같은 생각의 소유자들이라고 규정할 수밖에
없다. 바둑과 장기로, 잡담으로, 시국강연으로, 서서 마시는
한 잔의 소주로, 아줌마들과 어울려 마시는 커피로 하루의
시간을 물 쓰듯 쓴다. 그러나 누구에게나 폭력처럼 다가오
는 죽음은 그들에게도 두려운 것이다.

16

삶과 죽음의 공동경비구역

종묘시민공원의 인문 지리적 위치는 아무리 생각해도 절묘하다 말하지 않을 수 없다. 공원의 경계선인 담 너머에는 조선왕조 역대 제왕의 신주를 모신 종묘가 있고 인접한 종로3가에는 자본주의 시장의 꽃인 금은방이 공원과 경계 없이 연결되어 있다. 산 자의 사치와 망자의 장엄한 콘체르토가 이루어지는 사이에 인생의 황혼기를 보내고 있는 노인들의 공간이 자리잡고 있다. 이는 무엇을 시사하고 있을까.

이곳에 모이는 노인들은 매일 귀금속 상가의 유리창 너머 가진 자의 우아한 웃음을 보며 패기 왕성했던 젊은 시절을 회상한다. 종로3가역에서 지상으로 올라오는 순간, 노인들의 시야를 가장 먼저 사로잡는 것은 금은방의 휘황한 조명들이다. 젊은 손님들은 조명 아래 늘 환하게 웃고 있다. 젊은 시절 한두 번 이곳에 와 보지 않은 사람이 있을까.

약혼이나 결혼 패물을 마련하기 위해, 금반지 계를 타기 위해, 아이들 돌 반지를 맞추러, 직장 상사의 영전 축하선물로 황금열쇠를 사러, 사는 동안 모아 두었던 금붙이를 녹여 금거북이로 만들어 보관하기 위하여…… 그 시절은 가고 지금 노인들은 호주머니 속 2, 3000원에 하루의 안녕을 의지하는 처지가 되었다.

종로3가 역 5번 출구로 나와 운현궁 맞은편에 있는 서울노인복지센터에 들러 점심 식권을 서둘러 예약하고 종묘시민공원까지 되돌아오는 동안 거의 모든 골목길에서 금은방과 마주친다. 금은방 끝자락에 자리한 간판 없는 허름한 식당들과 소주방, 좁은 골목 사이에서 커피 파는 아줌마들을 만나면 그곳이 바로 종묘시민공원이 시작되는 지점이다. 혹여 노인복지센터에 늦게 도착해서 점심 식권을 못 받게 되더라도 이곳에서 파는 콩나물 국밥 정도라면 3500원의 용돈으로도 허기를 면할 수 있다. 지금은 비록 젊은 시절처럼 금은방을 드나들 수 있는 처지는 아니지만 시민공원과 금은방의 경계가 담으로 차단되어 있지는 않다는 점에서 안도감을 느낀다. 그것은 자신들의 쉼터가 삶의 공간으로부터 아직까지는 격리되지 않았다는 안도감이다. 그러나 공원에 이르면 고즈넉한 종묘의 담을 의식하지 않을 수 없다. 빵이 지배하는 현실 공간과 탈물질의 혼령이 지배하는 공간의 매개 지점이 바로 종묘시민공원이지만 이곳은 현실 공간 쪽으로는 열려 있고 죽음의 공간과는 담으로 분리되어 있다. 이 얼마나 절묘한 배치며 구성인가. 삶과 죽음의 비무장지대에 노인들의 쉼터가 마련되어 있는 것이다.

모든 사람에게 공통의 염원이 있다면 아마 영원히 죽지 않기를 바라는 일일 것이다. 그러나 지구상의 어떤 기록도 이 염원이 현실이 되었다는 사실을 증언하지 못한다. 「창세기」에 등장하는 무드셀라는 969년을 살았다고 기록되어 있지만 그것은 삶에 대한 기록이라기보다는 어느 시점에 죽었는가의 죽음에 대한 기록일 뿐이다. 죽음 이후에 기다리고 있는 것이 아무것도 없다는 사실을 우리는 얼마나 강한 신념으로 믿을 수 있을까. 독일 출신의 신학자이자 철학자인 폴 틸리히는 만일 이런 질문에 회의적인 사람들이 있다면, 즉 죽음이 삶의 종착지이기는 하지만 그 뒤에 또 다른 새로운 삶의 시작이 있다고 믿는 사람들이 있다면 그들이 지금 종교를 가지고 있든 그렇지 않든 모두가 '종교적인 신민'이라고 말한 바 있다. 이 말에 동의한다면 조선왕조를 이끌어 왔던 이(李)왕가야말로 가장 종교적인 혈통이라고 말하지 않을 수 없다. 법궁인 경복궁의 한쪽 구석에 빈전(殯殿) 혹은 혼전(魂殿)으로 불리는 망자를 위한 공적 공간을 마련해 이곳에 혼령이 머물 수 있도록 했기 때문이다. 왕실에서는 왕이나 왕비가 세상을 떠나면 시신을 모신 관을 능으로 옮길 때까지 빈전에 모셔 두었는데 경복궁의 서북쪽에 자리 잡은 태원전이 바로 이런 성격을 지닌 '빈전(殯殿)'이다. 유홍준의 해설에 따르면 '망자란 이승에서 보면 세상을 떠난 자이지만 저승의 입장에서 보면 새 손님이기 때문에 주검 시(歹) 변에 손 빈(賓)자를 써서 빈전이라고 부른다.'는 것이다. 이처럼 혼령이 일정 기간 머무는 공간을 빈전이라고 명명한 것을 보면 당시 사람들이 망자는 이승의 죽음으로 모든 것이 마무리되는 것이 아니라 사후세계에서 손님의 자격으로, 즉 새 삶을 시작하는 존재로 재탄생한다고 믿었다는 사실을 알 수 있다.

경복궁 서북쪽(청와대 앞)에 위치한 태원전(泰元殿)
입구의 건숙문을 지나면 경안문과 회랑으로 연결되어 있는 태원전이 나온다. 이 건물의 소유주였던 이조 왕가는 죽음 이후의 세계를 믿었지만 공간을 두어 산 자와 죽은 자를 격리시켰다.

진시황제는 죽음이란 삶의 진정한 종말이 아니라 변태동물의 그것처럼 연속성이 있다고 믿고 그 믿음을 몸소 실천하면서 사후를 대비한 인물이었다. 그는 전국시대를 평정하고 스스로 하늘의 상제와 똑같은 절대 권력의 자리에 올랐지만 자기도 언젠가 죽을 수밖에 없음을 알고 신하들을 여러 지역에 보내며 불로초를 구해 오라는 명령을 내렸다. 그러나 그는 불로초를 손에 넣지 못하고 49세의 젊은 나이에 변방을 시찰하다가 죽고 말았다. 중국의 서안에 가면 진시황제의 왕릉이 있는데 사후세계에서도 절대 권력자로 남고자 한 그는 자신의 무덤에 각종 보물을 부장품으로 넣고 대규모의 근위병들과 말들을 등신 크기로 제작하여 무덤에 넣었다. 이는 죽음의 여백에 아무것도 없다는 사실을 단호하게 거부했던 진시황제의 종교적 신념에 대한 역사적 흔적이다.

만리장성을 쌓기 위해, 자신의 사후세계를 위해 어느 황제보다 혹독한 강제노역으로 백성을 고통스럽게 한 역사적 단서들로 보아 그는 비윤리적이고 비공리적인 인물이라 할 수도 있다. 그러나 삶과 죽음의 불연속성에 대한 거부와 영속에 대한 염원이 얼마나 컸기에 그렇게까지 했을까 그 마음을 짐작해 보면 진시황제야말로 지극히 종교적인 성향의 인물이었다는 사실을 깨닫게 된다. 일찍이 진시황제처럼 사후세계를 연속된 현세의 모습과 같은 구체적인 관념상으로 지니고 있었던 인물은 없었을 것이다.

진시황제의 병마용(兵馬俑), B.C. 200년경, 진시황릉원
현재도 발굴 중인 이 토용은 기인물, 병마, 마차, 병기 등을 포함하고 있으며 뛰어난 조형 감각은 실제 상황을 연상시킬 만큼 사실적이다.

삶과 죽음의 순환성을 믿었던 이집트의 서기관 휴네퍼는 죽은 다음 오시리스가 다스리는 사후 세계의 입구에서 겪은 일을 파피루스에 기록으로 남겼다. 이 파피루스는 이집트 테베에서 발견된 문서로 기원전 1275년에 기록한 것으로 알려져 있다. 죽어서 육체와 분리된 혼령은 석양이 되면 태양신 '라(Ra)'의 배를 타고 서쪽으로 향한다. 오시리스의 사후 세계 입구에 있는 심판대에 서야 하기 때문이다. 아래 그림은 서기관 휴네퍼(왼쪽 흰옷)가 오시리스의 심판대에 서는 과정을 그린 파피루스다.

종묘, 경복궁의 태원전, 진시황제의 황릉, 서기관 휴네퍼의 사후 세

「휴네퍼의 사자의 서(Page from the Book of the Dead of Hunefer)」, B.C. 1275, 대영박물관
그림 왼쪽의 저승사자 아누비스 휴네퍼를 저울대로 안내한다. 천칭의 왼쪽 접시에는 휴네퍼의 심장이 놓여 있고 오른쪽 접시에는 진리의 여신 마아트의 깃털이 놓여 있다. 계량의 결과는 오른편에 서 있는 새의 머리를 한 토트(thoth)가 기록한다. 만일 휴네퍼가 저지른 생전의 죄 때문에 심장이 놓인 접시가 내려가게 되면 공룡의 머리와 사자의 몸을 가진 폭식자 암무트가 그를 잡아먹는다. 저울추가 평행을 유지하면 오시리스가 지배하는 사후 세계로 들어간다.

계를 그린 파피루스 등은 죽음의 불연속성을 거부하고 영생을 기원하는 인간의 사유가 낳은 종교적 징표들이다. 전부 죽음에 대한 인간 의식과 내세관에 관련된 징표임을 한결같이 내세우고 있지만, 우리에게 죽음의 폭력에 거칠게 저항하기보다는 한 평생의 삶을 정리하고 내세를 아름답게 맞는 태도를 갖으라 전한다.

이러한 관점에서 본다면 종묘시민공원의 노인들은 역설적으로 두 가지 측면에서 행복한 조건을 지니고 있다고 말할 수 있다. 첫째는 그들이 사후세계를 초연한 마음으로 맞이할 수 있도록 종묘의 돌담을 경계 삼아 죽음의 세계와 매일 진지전을 펼칠 수 있는 공간에 속해 있다는 점이다. 포탄이 터지고 야광탄이 어두운 밤하늘을 가로지르며 참호 속의 동료가 부상을 입거나 단말마의 외침과 함께 죽음을 맞이할 때, 처음 부대에 배치된 신병들은 전쟁 자체보다 그 공포스러운 분위기에 정신을 잃을 수 있다. 그러나 21일이 지나면 삶도 죽음처럼 느껴지고 죽음 또한 삶과 크게 다르지 않은 심리 상태에 도달한다. 그만큼 담력이 커지고 상황에 대한 적응력이 증대되며 초연해질 수 있기 때문이다. 죽음과 마주하고 있는 최전방 진지인 종묘시민공원의 노인들은 그 자신이 담 너머 혼령의 세계에 절반쯤 걸쳐 있으니 자신들의 세계가 혼령의 세계와 크게 다를 바 없다는 초연함과 의연함을 학습하게 된다. 어차피 갈 수밖에 없는 길을 떠나면서 발버둥을 치는 모습은 떠나는 이나 보내는 이 모두에게 결코 아름답지 않다. 이런 훈련에 매일 참여하고 있다는 점에서 그들은 행복한 인간 조건을 지닌 셈이다. 두 번째 행복의 조건은 인간이 아무리 금과 은으로 치장을 해도 육체를 버리고 갈 수밖에 없는 내세에서 육체를 치장하는 일이란 참으로 덧없음을 날마다 확인할 수 있는 공간에 자리 잡고 있다는 점이다. 휘황찬란한 귀금속 상가의 조명, 고객을 향한 종업원들의 밝고 환한 웃음은 금과 은에 붙은 인간들의 가치 체계를 시각화하는 현상일 뿐이다. 인생의 황혼에 이르러 자신에게 남겨진 시간이 얼마 남지 않았다는 사실을 깨달으면, 옹기 생활에 만족해했던 그리스 시대의 디오게네스처럼 뻗어 왔던 모든 가치의 팔을 거두게 된다. 그 순간 행복이 찾아온다. 결국 행복이란 자기의 욕망을 거두는 순간, 즉 소유물이 인간 존재를 설명하는 유일한 수단이 아니라는 사실을 깨닫는 순간에 찾아드는 모든 것들에 대

「디오게네스(Diogenes)」, 장 레옹 제롬, 1860, 월터스 미술관
디오게네스는 기원전 4세기 그리스 견유학파의 대표적 인물이다. 그는 개의 덕성을 배워야 한다고 주장했으며, 인간에 의해 부여된 모든 가치 체계를 부정하고 최대한 자연에 가깝게 생활하기를 바랐다. 이 그림은 신전 기둥 옆 옹관에서 생활하고 있는 그의 모습을 그린 제롬의 작품이다. 주변의 개는 그가 견유학자임을 시각적으로 보여 주기 위해 그렸다고 볼 수 있다.

한 감사의 마음이 아닐까. 견유(犬儒)학파 디오게네스는 덕(virtue)을 제외하고는 모든 것을 버리라고 가르쳤다. 그래서 그는 자기를 찾아와 무엇을 원하는가를 물었던 알렉산더 대왕에게 햇볕을 가리지 말고 비켜서 주시면 그것으로 족하다고 말했다. 그는 가장 행복한 삶을 살아가기를 원한다면 항상 죽음을 베개 삼아 곁에 두고 있어야 한다는 점을 가르쳤던 인물이다. 그런 이유로 그는 탁발을 원했다. 먹는 것은 배고프지 않을 정도, 입는 것은 몸을 가리고 추위와 더위를 피할 정도, 집은 눈비를 피할 수 있으면 족하다고 생각했다. 가난하지만 부끄러움이 없는 자족 생활을 바랐던 것이다.

종묘시민공원만큼 이러한 견유주의(Cynicism)를 학습하는 장소로 더이상 바람직한 공간은 없다. 이곳에 모이는 노인들은 소유가 사라지면 존재 자체가 사라져 버린다는 사실을 알고 있기에 귀금속 상점의 보석들이나 거기에 드나드는 이들에 대한 부러움을 쉽게 버릴 수 있다.

죽음의 최전선에서 초연해질 대로 초연해진 그들의 눈에 빵의 세계에서 번득이는 금인들 어떠하며 은인들 무슨 소용이 있으랴. 노인들은 죽음 앞에서 그것들은 한낱 돌멩이에 불과하다는 사실을 학습한다. 그들은 천국에는 10원짜리 동전 한 닢조차 가져갈 수 없다는 사실을 잘 알고 있다. 이처럼 이승을 떠날 때 물성적인 모든 것은 버릴 수밖에 없지만 넉넉한 마음, 남을 배려하는 따스함, 우정과 사랑 등 영적인 결실만은 내세까지 유효하다는 사실을 그들은 이제 몸에 익힌다. 이는 종묘의 돌담과 귀금속 상가 사이에 위치한 종묘시민공원이 그곳에 깃든 노인들에게 가르쳐 준 훈도적 결실이 아닐 수 없다.

17

톨스토이가 보여 준 세 가지 죽음

톨스토이의 단편 「세 죽음」은 세 사람의 죽음에 대한 이야기로, 짧고 군더더기 없는 상황 묘사가 매우 인상적인 작품이다. 작가는 이 작품을 통해서 인간에게 죽음이 어떠한 의미를 갖는지 묻는다. 죽음을 받아들이는 당사자들 역시 죽음에 대한 나름대로의 해석을 하겠지만 그것은 독자를 위한 기록으로 남지 않기 때문에 여기서 작가의 질문은 우리에게 전적으로 주어진 것이다. 왜 어떤 사람의 죽음은 슬픔과 애통함을 안겨 주며 또 어떤 사람의 그것은 하찮은 것이어야 할까. 이집트 신화처럼 사람마다 심장의 무게가 달라서 그럴까.

어느 해 가을, 달리는 마차 안에 두 명의 여인이 타고 있었다. 폐결핵을 앓아 얼굴에 핏기가 없는 귀부인 쉬르키노와 그녀의 하인 마트료샤였다. 그 뒤를 따르는 마차에는 병든 부인의 남편과 주치의 에두와르드 이바노비치가 타고 있었다. 모스크바를 출발해서 이탈리아로 가는 도중 어느 역에 역마차가 멈췄다.

한편 역마차의 마부 숙소 벽난로 위에는 양가죽 외투를 뒤집어쓴 채 두 달 가까이 누워 있는 표도르라는 영감이 있었다. 젊은 마부 세르게이는 표도르에게 이제는 새 장화가 필요 없을 테니 달라고 졸랐다. 그러자 표도르는 자기가 죽거든 비석 하나를 세워 달라고 부탁하면서 그렇게 해 준다면 새 장화를 주겠노라고 말했다. 세르게이는 이 약속을 지키겠다면서 장화를 받았다. 그리고 표도르 영감은 다음 날 아침 사망했다. 친척도 없는 외지에서 혼자 쓸쓸히 눈을 감은 것이다. 그는 숲 뒤편에 있는 새 공동묘지에 묻혔다.

한편 귀부인 쉬르키노는 남편, 주치의, 친정 모친과 사촌 언니가 있는 집에서 사제를 모시고 마지막 미사를 드렸다. 그리고 그날 저녁 죽었다. 한 달 뒤, 귀부인의 무덤에는 조그만 석조 예배당이 세워졌다. 그러나 마부의 무덤에는 여전히 비석이 세워져 있지 않았다. 세르게이가 비석을 세우지 않은 것이다. 주변에서 비난이 일자 세르기에는 도끼를 들고 숲으로 들어갔다. 그리고 물푸레나무 하나를 택해 그것을 베어 넘어뜨렸다. 그 물푸레나무는 왜 자신이 비목(碑木)으로 쓰이기 위해 베이는지 의아할 뿐이었다. 그저 세르게이의 눈에 띄는 순간 쓰러뜨려져 죽게 된 것이다.

이렇게 세 죽음이 이루어졌다. 표도르 영감, 쉬르키노 귀부인, 물푸레나무의 죽음.

톨스토이의 단편은 물푸레나무가 왜 죽을 수밖에 없었는지에 대한 추가 설명 없이 담담하게 끝을 맺는다. 그리고 살아남은 자들이 망자의 죽음에 어떻게 그들 나름대로 가치의 덧옷을 입히는가를 보여 준다. 물론 이때 망자 자신의 죽음에 대한 해석은 당연히 무효화된다.

귀부인 쉬르키노에게 죽음은 상실이었을 것이다. 그녀의 죽음은 자신의 사회적 지위와 부, 아름다운 자태, 사랑하는 가족과의 기약 없는 이별일 수밖에 없다. 그러나 표도르에게 죽음은 상실감보다 해방감을 주었을 가능성이 크다. 숙소의 벽난로 위에 누운 채 고통의 나날을 보내고 있던 그가 새 장화 한 켤레 말고 이 세상의 어떤 것에 미련이 있을까. 그에게 죽음은 나날이 증폭되는 고통으로부터의 진정한 해방이었을 것이다. 물푸레나무에게 죽음은 예측불허의 사건처럼 찾아왔다. 전혀 준비되지 않은 죽음이었기 때문이다.

그러나 작가는 죽음이 상실이든 해방이든 혹은 예측불허의 사건이든, 망자에게 어떤 제의(祭儀)의 형식으로 예우할 것인가에 대한 산 자의 태도만이 죽음의 가치를 결정한다는 점을 이 작품을 통해 우리에게 알려 준다.

귀부인 쉬르키노는 남편과 주치의, 친정 모친, 가톨릭 신부와 사촌 언니 들이 지켜보는 가운데 임종을 맞는다. 소설에는 기록되어 있지 않지만 남아 있는 사람들의 사회적 지위와 능력을 고려한다면 장례식은 성대하게 치러졌으리라 짐작할 수 있다. 그녀의 무덤은 돌로 만든 작은 교회처럼 꾸며졌다. 그녀는 결코 죽어서는 안 될 사람이었던 것처럼 무덤에 안치되었다.

표도르의 주검은 아침에 일어나 그곳에서 일하는 아줌마가 발견했다. 마부의 숙소에는 많은 사람들이 있었지만 모두 그의 죽음과 상관없는 사람들이었다. 그의 주검은 마치 방 한구석의 쓸모를 다한 가구를 치우듯 공동묘지에 묻혔다. 물푸레나무는 살아 있는 생명체였지만, 세르게이는 마치 살아 있지 않은 대상처럼 간주해 나무를 베어 쓰러뜨렸다. 산낙지를 초고추장에 찍어 입안에 넣고 우물거리면서 그것이 맛있다고 느끼는 어시장의 경매인이나 살아 있는 광어를 도마에 걸어 놓고 회칼로 살점을 저며 날렵한 솜씨로 접시에 올려놓는 일식당 주방장처럼, 세르게이는 한 가닥의 죄책감조차도 없이 생명체인 물푸레나무를 쓰러뜨린 것이다.

이렇게 보면 죽음의 무게감은 죽은 당사자와는 아무런 상관이 없다고 말하는 편이 옳다. 그것은 전적으로 산 자의 태도에 연계되어 있다. 화장장의 화덕에 들어가 약 한 시간여의 시간이 경과된 후에 한 줌의 재가 되어 나오는 죽은 당사자에게 화환과 조문객의 수, 장엄한 종교의식, 참석자의 애곡에 호소하는 조문(弔文)이 무슨 소용과 의미가 있으랴. 그리스 시대 프로타고라스의 '인간척도설', 즉 "사람이 만물의 척도다(Man is the measure of all things)"라는 명제는 톨스토이의 관점과 무관하지 않을 것이다. 특히 물푸레나무의 죽음이 그러하다. 오직 가치를 재는 자(尺)는 살아 있는 인간에게만 주어지기 때문이다.

대학의 정년퇴임자 모임의 간사로부터 한 통의 문자를 받았던 기억이 난다. 회원이었던 교수가 작고해 서울아산병원 영안실 23호에 안치

되어 있다는 내용이었다.

그로부터 한달 전 모임에서 건강을 회복한 그가 다시 참석하기 시작해서 회원 모두가 박수를 치고 삼계탕을 나누며 담소했던 일이 엊그제 같은데 타계라니 믿어지지 않았다. 그는 지난 3월에 폐 수술을 했고 5월에는 수술 후 경과가 좋아서 아들 내외가 살고 있는 캘리포니아에 요양 차 다녀오지 않았는가.

나는 모임의 회장에게 전화로 소식을 전하고 가 보아야 하지 않겠느냐고 물었다. 회장은 볼일 때문에 시내에 있다면서 자기도 시간을 내서 가 보겠다고 말했다. 전화를 끊고 잠시 생각할 시간이 필요했다. 엊그제까지만 해도 같이 식사하고 담소하며 시간을 보냈던 동료 교수가 타계를 했다면 모두가 마땅히 놀라고 황망해해야 하는 것이 아닐까. 왜 별로 놀라지 않을까. 회원들에게 긴급 연락을 해서 몇 시를 전후해서 상가에서 만나 문상하자고 독려해야 하지 않을까. 비축된 회비가 없다면 회원들에게 양해를 구하고 모임의 이름으로 조화라도 우선 보내야 하는 것은 아닐까. 그런 일조차 하지 않는다면 이 모임은 무엇을 위해 존재하는 것일까.

여러 생각이 잠시 스쳐갔다. 그러나 정말 잠시뿐이었다. 시계를 보니 오후 2시 30분이었다. 내가 살고 있는 고양시 행신동에서 그곳까지 가려면 아무리 못해도 두 시간은 걸린다. 전철로 우선 디지털미디어시티 역까지 가서 6호선으로 환승한 다음 합정 역에서 2호선으로 갈아타고 잠실나루 역에서 내려서 병원까지 걸으면 걷는 시간이 아무리 짧아도 10분 이상은 걸릴 터이니 두 시간은 잡아야 했다. 날은 맑았지만 아침

최저 기온이 영하 8도인 데다가 바람까지 불었다. 그날따라 하필 내 차는 동네에 있는 수리점에 입고되어 있었다. 아무리 서둘러도 집까지 되돌아오려면 저녁 7시는 넘을 듯했다. 그러나 그러한 시간상의 문제를 제외하더라도 현실적인 문제가 두 가지 더 남았다. 하나는 복장 문제였고 또 하나는 부조금의 액수를 결정하는 것이었다. 대중교통을 이용하고 병원까지 걸으려면 운동화에 모자를 쓰고 마스크를 착용하면 좋으련만 그것은 문상을 위한 예의가 아니었다. 그래서 춥고 다소 불편하더라도 정장 차림으로 가기로 결정했다. 그러나 부조 액수는 쉽게 결론이 나지 않았다. 결국 영안실에 도착해서의 순간적인 판단력에 내 자신을 맡기기로 하고 길을 떠났다.

상가에 도착해 보니 문상객이 적어 썰렁한 분위기였고 화환의 수도 눈에 띌 징도로 적었다. 접개용 휴게 공간을 둘러보았지만 아는 사람들이 아무도 없었다. 문상 절차를 마치고 학교에서 같이 근무했다고 나를 소개하자 상주인 아들이 내 손을 덥석 잡았다. 아들의 손은 따뜻했

고 힘이 느껴졌다. 그러나 그때만큼 내 자신이 스스로 비겁하게 느껴지는 순간이 없었다. 뭔가 꼭 집어 말할 수는 없었지만, 세상을 떠난 동료 교수 앞에서 배반자 같다는 생각이 들었다. 입구의 상자에 5만 원을 넣은 봉투를 이미 넣고 말았기 때문이었다. 돌아가신 분과 재직 기간 동안 개인적으로 만나 교제를 나눈 각별한 사이가 아니었다는 점과 그분의 부인이나 자녀를 장례식 이후 다시 만날 기회가 거의 없을 것이라는 점이 부조 금액을 결정하는 데 영향을 주었다는 점이 나를 너무나 부끄럽게 만들었다. 아들이 잡아 준 손이 따뜻했기 때문에 그러한 느낌이 더욱 강하게 나를 사로잡았는지도 모른다.

이런 일이 있은 후 다음 모임에서 회장의 인사말 말미에 세상을 떠난 교수에 대한 묵념이 있었다. 나는 다른 회원들에게 부끄러웠던 그날의 내 모습을 감추었다. 그러나 회원들 역시 나와 동일하거나 비슷한 수치를 감추고 있었는지도 모르겠다. 그날 모임에서는 모두가 그의 갑작스러운 죽음에 대해 놀라워했고 우리도 동일한 타선에 들어서 있다는 점을 거듭 확인했다. 다음에는 조화라도 보낼 수 있도록 간사가 일정액의 회비를 비축할 필요가 있다는 안건도 나왔고 형편이 어려워 선뜻 가지 못하는 회원들을 위해 기본적인 부의금 정도를 모임 전체의 이름으로 내자는 의견도 있었지만 헤어질 때까지 이들 안건은 의결되지 않았다. 모임이 파할 때까지 그날 부의되었던 안건이 처리되지 못했다는 점을 회장에게 지적하는 회원도 없었다.

동료 교수의 사망 소식을 전후한 이 기억들은 톨스토이의 「세 죽음」과 결코 무관하지 않다. 작가는 이 글에서 죽음을 세 가지 양태로 나누어 썼지만 결국 죽은 자가 아니라 살아남아 있는 자들에 대한 이야기다. 이들 세 죽음의 당사자들은 귀족이었든 나그네였든 또 한 그루의 나무였든, 죽으면서 이 세상의 그 어떤 것도 지니고 갈 수 없었고 모든 것들을 허물처럼 벗어 버리고 고독하게 떠났다. 그들은 그렇게 떠나면서 살아 있는 동안 구축했던 관계의 망까지도 거두어 갔다. 그들이 생전에 확보하고 있었던 배타적인 공간은, 그것이 물리적이든 심리적이든 죽음과 함께 소멸되었다. 다만 남은 자들이 사자에 대해 어떤 통과의례를 마련하려 하는가에 따라 마치 죽음이 다른 가치를 띠고 있는 것처럼 보였을 뿐이다. 그러므로 작가는 이 단편을 통해 이러한 사후의 통과의례를 환영(幻影)이라고 비판하고 있는 것이다. 어떻게 인간이라는 존재의 소멸에 가치 유형의 포장을 씌울 수 있겠는가.

이제 동료 교수는 우리 곁을 떠났다. 동료 교수가 모임 때마다 즐겨 앉았던 자리는 아무 일도 없었다는 듯 다른 회원으로 메워졌다. 그의 갑작스러운 사망에 대해 잠시의 술렁거림이 없진 않았지만, 거짓 없이 말한다면 그것은 그 교수에 대한 것이라기보다는 살아 있는 동료들 자신이 그렇게 될 잠재태에 보내는 최소한의 예의였을 가능성이 더 크다 할 것이다. 어쩌면 동료 교수에 대한 나의 문상과 조의금 역시 그에게 투사된 내 죽음에 대한 예우의 환영이 아니었을까 싶다.

불교의 존재론에서처럼 언제나 변함없고 움직이지 않는 자아에 대한 실체는 없다. 말하자면 다른 것과 관계하지 않고 독립적이며 실체적으로 존재하고 있는 배타적 인간존재란 없다는 것이다. 우리 앞에 있는 책상은, 나무를 기른 햇빛과 바람과 물, 벌목공, 제재소의 노동자, 제품

디자이너, 목수, 판매와 유통망 직원들의 수고로움으로 만들어진 결과물이다. 여기에서 어떤 하나의 인연만 제거해도 지금 이곳의 책상은 존재하지 않는다. 우리에게도, 인간존재를 가능케 한 수많은 인연의 끈 중에서 제거해도 상관없는 것이 있을까. 이렇게 본다면 죽음이란 이러한 인연의 세계로부터의 이탈이며, 관계망을 이루고 있는 매듭의 풀림이라고 말할 수 있다. 동료 교수의 사망 소식을 둘러싸고 나 자신을 포함해 우리 회원들이 보여 준 일련의 행적은 동료 교수라는 네트워킹의 포스트(Indramang)가 사라진 다음 남아 있는 포스트들의 관계망을 새롭게 정리하는 과정을 보여 준 셈이다. 조의와 문상도 살아남은 자들의 관계망 다스리기라 할 수 있을 뿐 사자와의 끊어진 관계망을 회복하려는 차원이 아니다.

농장주가 출하량을 맞추려고 오리 사육장에 들어섰을 때를 생각해 보자. 그때 오리들은 공포감에 휩싸여 퍼덕거린다. 그러나 사라진 오리들의 자리는 결코 비는 법이 없다. 남은 오리들은 언제 그랬는가 싶게 태연하게 모이를 쪼며 사육장의 환경에 다시 적응한다. 동물의 죽음과 인간의 죽음이 본질적으로 다른 것은 아무것도 없다. 다만 동물과 달리 인간의 세계에서는 기억이 있고 흔적이 있으며 통과의례라는 문화적 절차가 죽음의 모습을 달리 보이게 할 뿐이다. 그러나 통과의례를 비롯한 사자(死者)에 대한 모든 제의는 죽은 자가 주인공 같지만, 엄밀하게 말해 그것은 남은 자의 몫이다. 톨스토이의 「세 죽음」이 이러한 사실을 군더더기 없이 잘 보여 준다. 쉬르키노에게는 그녀의 남편과 주치의, 친정 모친, 가톨릭 신부와 사촌 언니가 있었고 표도르에게는 장화와 맞

바꿔 비석을 세워 주겠다고 약속한 세르게이가 있었다. 그러나 물푸레나무에게는 아무도 없었다. 작가는 이 작품을 통해서 쉬르키노와 물푸레나무를 가치의 양극에 두고 그 사이에, 남은 자들이 통과의례를 포장할 수 있는 가치척도를 만들었다. 표도르 영감에게 장화마저 없었더라면 그 또한 물푸레나무와 별 차이가 없는 죽음을 맞았을 터이다. 우리가 쉬르키노에 가까워질수록 호화로운 죽음의 절차를 목격할 수 있을 것이고, 반대로 물푸레나무에 가까워질수록 사육장의 오리 떼들과 다르지 않은 상태에 놓일 가능성이 크다.

　종묘시민공원에 모여 있는 노인들 또한 마찬가지다. 그곳은 장터처럼 매일 노인들로 붐비지만, 어느 날부터 나오지 않으면 그 사람은 그 순간 잊힌다. 사라진 누군가의 자리를 아쉬워하고 슬퍼해 줄 자가 없는 매정한 공간이기 때문이다. 그들은 문화적 존재로 남기 이전에 생물학적인 존재로 남는 일조차 힘겨워 허덕이고 있다. 정년퇴임자 모임의 회원들이나 종묘시민공원의 노인들 모두 이웃의 죽음을 어느 눈금 위에 놓을 것인지 재빨리 계산하면서 자신의 행복과 안녕에 몰두한다는 점에서 조금도 다름이 없다. 그리고 사자에 대한 애통함도, 상가의 문상 여부도, 부조금의 액수도 그 척도의 눈금 위에서 전부 이루어진다.

18

우리의 영혼은 나비인가

요양원에 입원해 있는 환자의 병문안을 다녀와 본 경험이 있는 사람이라면 인간이 늙고 병들어 죽게 되는, 누구나 한번은 겪어야 할 피할 수 없는 운명(殞命)의 순간을 머리에 그려 본다. 말 그대로 피골이 상접한 모습, 당당했던 젊은 시절의 기개는 온데간데없고 사람조차 알아보지 못하는 가물가물한 의식, 부분부분 굳어진 사지와 퀴퀴한 냄새, 배뇨관과 링거 주사줄, 음식물 주입줄이 뒤엉켜 있는 침대의 어수선함을 보는 순간 병상 위의 모습은 타인의 모습이 아니며 시간 차를 둔 자기 모습의 변형이라는 사실 앞에 모두 숙연해지고 만다.

누가 요양원에서 간호사나 고용된 간병인의 팔에 안겨 마지막 숨을 거두게 되기를 바라랴. 아니 누가 인생의 말년에 집이 아닌 요양원에 입원하기를 바랄까. 그러나 이제는 사회 구조가 병들고 연로한 노인들이 집 안에서 안락한 죽음을 맞을 수 있도록 내버려두지 않는다. 국민건강보험공단의 장기요양 등급 심사로 1~3등급을 받게 되면 20퍼센트 정도의 본인 부담금만으로 요양원 시설을 이용할 수 있지만, 집에서 환자를 돌보면 정부의 지원을 받을 수 없다. 결국 정부가 노인 환자들을 밖으로 불러내는 셈이다. 또한 그런 노인 환자들을 돌볼 자녀들도 이제는 집에 남아 있지 않다. 이 시대의 효부나 열녀 또한 더 이상 찾아볼 길이 없다. 노인 스스로 자기 몸을 움직일 수 없게 될 때가 바로 추방의 시점이다. 이유는 다양하다. 갑자기 찾아든 뇌졸중 때문에, 고관절 골절상으로, 급성폐질환 증세 때문에, 고질적인 허리통증이나 퇴행성관절염이 심해져서, 불현듯 증세를 악화시키고 있는 알츠하이머병으로 인해……. 어느 날부터인가 움직이기 어렵게 되면 돌봐 줄 사람이 없으니 좋든 싫든 요양시설에 가야만 한다. 내 몸을 스스로 가눌 수 없어 침대에서 식당으로, 식당에서 화장실로, 또 때로는 욕실로 누군가가 옮겨 주어야 할 때, 아무리 애를 써도 몸이 맷돌에 묶여진 것처럼 꼼짝하지 않을 때, 이런 때가 되면 아무리 슬퍼도 자신의 배우자나 자녀들의 품을 떠나지 않을 수 없게 된다. 팔다리를 움직일 수도 없고 대소변조차도 의지에 따라 통제가 되지 않으며 얼굴 한쪽이 마비되어 먹은 음식이 자기도 모르게 흘러나오는 모습을 깨닫게 될 때의 낭패와 좌절은 우리 자신이 죽음의 임계 상황과 마주 서 보지 않고서는 짐작조차 할 수 없는 일이다.

2007년에 제작된 프랑스 영화 「잠수종과 나비」는, 인간이 자아의식을 잃지 않는다면 마지막 순간까지 존엄성을 지켜 낼 수 있음을 보여 준 영화지만 말년에 이러한 행운을 누리기란 쉽지 않다. 패션잡지 엘르의 전 편집장 장 도미니크 보비는 어느 날 갑자기 '감금 증후군(locked-in syndrome)'으로 온몸이 마비되는 병에 걸린다. 뇌졸중으로 쓰러진 그에게 매우 희귀한 경우에 해당하는 뇌간 이상 증상이 온 것이다. 그에게 남아 있는 감각기관은 한쪽 눈뿐이다. 온몸은 마치 무거운 잠수종(Diving bell)처럼 어떤 부위도 움직일 수 없는 상태에 빠져 있었고 모든 신체의 근육은 그 기능을 잃었다. 그는 언어 치료사 앙리에뜨가 불러 주는 알파벳에 눈 깜박임만으로 신호를 보내 단어를 만들고 그 단어들로 문장을 만드는 15개월에 걸친 처절한 헌신과 분투 끝에 『잠수종과 나비』라는 한 권의 책을 완성해 낸다. 그리고 그 책이 출간된 지 열흘 만에 유명을 달리한다.

「잠수종과 나비(The Diving Bell And The Butterfly)」의 한 장면
언어 치료사 앙리에뜨(왼쪽)와 엘르의 편집장 보비(오른쪽). 앙리에뜨가 불러 주는 알파벳을 듣고, 맞으면 눈을 한 번 깜박이고 틀리면 두 번 깜박이기로 약속을 한다.

이 영화는 인간의 의식만이 주체이며, 잠수종처럼 꼼짝하지 않는 돌덩이 같은 육체는 나비처럼 자유로운 상상력과 의지를 가두는 감옥과 같다는 사실을 강력하게 시사한다. 보비는 움직이지 않는 육체라는 감옥을 탈출할 수 있는 단 하나의 희미한 작은 구멍, 즉 왼쪽 눈을 통해서 온전한 자아의식을 끝내 지킬 수 있었고 마침내 나비처럼 날아올랐다. 소위 정신(영혼)만이 '나'이며 육체는 나를 담고 생활하는 운반체로 보는 이원론이 전제된 영화다.

프랑스의 수학자이자 철학자인 데카르트는 우리에게 잊히지 않는 유명한 명제를 남겼다. "생각한다. 그러므로 나는 존재한다." 이 간단한 명제는 그때까지 유럽을 지배해 왔던 가톨릭 종교계와 종교개혁자들에 의해 막 태어난 개신교의 교리에 심대한 타격을 주었다. 「잠수종과 나비」의 내용처럼 정신과 물질을 별개로 나누어 보는 데카르트의 이원론은, 사람이 죽더라도 영혼만은 육체라는 자기의 그릇을 버리고 천국에 이를 수 있다는 기독교적 논리를 설명하는 데 도움이 되었지만 생각하는 자를 주체로 삼았다는 점에서 문제가 되었다. 데카르트 이전 시대까지 인간은 신을 광원으로 한 빛에 의해 진리의 세계로 나갈 수 있었다. 그러나 데카르트는 신의 자리에 인간 이성을 놓았다. 바꾸어 말하자면 이전까지 인간을 포함한 세상 만물이 신 중심으로 배치되었다면 데카르트는 그 배치의 중심에 인간 이성을 놓은 것이다. 이런 이유 때문인지 그는 알려진 바대로 폐렴으로 죽은 것이 아니라 어느 카톨릭 신부가 준, 비소를 바른 성체를 먹고 독살되었다는 비화가 남아 있다. 그는 프랑스 태생이면서도 조국 프랑스보다 네덜란드에서 더 긴 세월을 살았고 스톡홀름에서 생을 마감했다. 1650년 2월 11일의 일이었다.

그는 '사유하는 자'만을 주체라고 생각했기 때문에 자연 대상은 물론이고 생각하는 영혼을 제외한 몸체는 당연히 기계덩이로 간주했다.

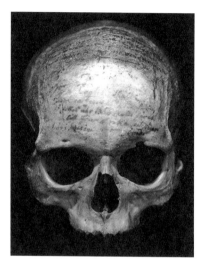

데카르트의 것으로 추정되는 두개골, 인류박물관
이 두개골의 이마 부분에는 '데카르트의 두개골. 1666년
프랑스로 유골 이장을 하게 된 차에 이스라엘 한스트룀이
이양 받아 소중히 보관함'이라는 글귀가 새겨져 있다.

그래서 개나 고양이처럼 생각할 수 있는 영혼이 없는 동물들을 일종의
'동물기계'라고 보았다. 데카르트의 이 같은 생각은, 인간의 몸을 영혼
을 오염시킬 수 있는 문제의 기계덩이로 간주하게 만들었다. 만일 몸이
없었더라면 훨씬 더 맑은 영혼을 소유할 수 있고 죄에 빠지는 일도 훨
씬 줄일 수 있을 터인데 몸의 유혹 때문에 나쁜 기운에 영혼이 물든다
는 것이다. 초대 기독교리에 체계적인 논리를 부여한 사도 바울도 로마
에 보내는 서신에서 육신의 유혹을 견디지 못하는 자신을 한탄했다.

그러므로 내가 한 법을 깨달았노니 곧 선을 행하기 원하는 나에게 악이
함께 있는 것이로다. 내 속사람으로는 하나님의 법을 즐거워하되 내 지
체 속에서 한 다른 법이 내 마음의 법과 싸워 내 지체 속에 있는 죄의
법으로 나를 사로잡는 것을 보는도다. 오호라 나는 곤고한 사람이로다.

이 사망의 몸에서 누가 나를 건져내랴.

—「로마서」 7장 21-24절

'나'는 선을 행하기를 바라고 하나님의 법을 즐거워하는데 소위 '몸'이 '사망'으로 빠뜨린다고 바울은 한탄하고 있다. 바울은 '나'와 '몸'을 동등 관계로 보았을까 아니면 비대칭적 소유 관계로 보았을까. 말할 필요도 없이 '나'를 '주체'로, 그리고 육체를 나에게 '속한 것'으로 규정하고 있다. 이 같은 바울의 사유에 따르면 나에 대한 의식은 경험과 느낌의 주체이고 생각의 중심이다.

이렇게 보면 우리가 영혼이라고 부르는 '나'라는 의식(자아의식)은 도대체 어떤 것일까. 정체성에 관한 이 질문은 그리스의 플라톤 이후 데카르트에 이르기까지, 그리고「잠수종과 나비」라는 영화가 감동을 주고 있는 이 시대에 이르기까지 문명사의 긴 여정과 함께해 온 오래된 질문이었다. 20세기 들어 일부 학자들은 이러한 자아의식의 정체가 무엇인가를 과학적으로 해명하기 위해 노력해 왔지만, 아직까지 성과를 거두지 못한 듯하다. 가장 첨예한 문제는 '기억'이다. 기억이 자아정체성 형성에 결정적으로 기여한다는 것이다.

그러나 20세기 초 메를로 퐁티같은 현상학자는 데카르트와는 달리 인간의 정신보다는 몸으로 중심점을 이동시켰다. 말하자면 인간 정신은 몸과 따로 떨어져 별개로 존재할 수 있는 것이 아니며 언제나 몸과 뒤섞여 있다는 것이다. 그는 모든 인식은 몸을 통하지 않고는 불가능하며 모든 표현이 몸을 통해서 드러난다는 점을 강조했다. 그래서 몸을

'인식의 (선험적) 조건'이라고 주장했다. 인간의 몸체는 단순히 영혼을 담는 그릇이고 감옥과 같은 불편한 물질 덩어리가 아니라, 인식을 위해 없어서는 안 된다는 점에서 몸을 인식의 선험적 조건으로 본 것이다. 여기서 말하는 '선험'이란 정신이 올바르게 작동하기 훨씬 전부터(영유아기부터), 즉 인간 경험이 조직되기 전부터 이미 존재했고 이를 통해 모든 경험이 구성될 수 있다고 보았기 때문에 명명된 이름이다. 퐁티의 논리로 미루어 짐작해 본다면 그는 인간이 죽으면 그 몸과 뒤섞여 작동했던 영혼도 틀림없이 함께 죽는다고 보았을 것이다. 기억을 저장하고 있는 뇌조직이라는 물질 덩어리가 소멸될 때 기억만이 비물질의 상태로 살아남을 수 없을 것이기 때문이다.

20세기 초 앙리 베르그송은 이 세계 내에 존재하는 모든 것들을 인간 주체의 눈을 기준으로 재배치하는 방식은 편협한 시각이고 잘못된 가치 체계라고 보고 인간을 모든 사물과 동등한 위치로 끌어내렸다. 인간의 존엄성을 우위에 두고 나머지는 인간보다 아래에 두었던 기존의 시각을 해체해 버린 것이다. 산과 바위, 돌과 나무가 필연적인 이유로 그 자리에 위치한 것이 아니듯 인간의 탄생과 소멸조차도 세계 속의 우연한 사건으로 치부했다. 이 생각은 들뢰즈로 이어지고 들뢰즈는 이러한 사유를 잘 표현한 작가로서 프란시스 베이컨의 작품들을 높이 평가했다.

실제로 요양원에 가 보면 생애 대부분의 기억을 잃어버리고 방문할 때마다 누구냐고 묻는 환자를 보는 일이 흔하다. 그곳에서는 인간의 정신(영혼, 의식)을 육체와 별도로 분리해서 생각하기 쉽지 않다는 사실을 절절하게 느끼게 된다.

우리가 죽으면 진정 육체라는 무거운 물질의 덩어리를 옷을 벗듯 벗어버리고 영혼만이 또 하나의 삶을 살아가기 위해 나비처럼 새로운 공간을 향해 여행을 떠나게 되는 것일까. 만일 하나님이 말년에 영혼을 부르신다면 전체 인생에서 어느 시기의 영혼을 부르실까. 가장 젊고 활발할 때의 모습일까, 호흡이 끊어질 때 그 마지막 순간의 동물적인 의식상태의 영혼일까. 육체와 영혼이 죽음과 함께 소멸되어 버린다 해도, 컴퓨터 프로그래머가 컴퓨터에 입력된 컴퓨터 언어를 이용하여 프로그램을 재구성하거나 복구하듯이 전능자가 소멸된 '나'의 영혼에 대한 프로그램을 최후의 심판의 날에 재구성하여 소생시키는 것일까.

이 문제에 대해서 누구도 정답을 말하지 못할 것이다. 일찍이 단테는 지옥과 연옥과 천국의 이야기를 100편의 곡(Canto)에 담았다. 그후 18세기 말, 스웨덴의 종교학자 스웨덴보르그는 『사차원의 세계』라는 이름으로 사후 세계를 구체적으로 기록한 책을 저술했고, 우리나라에서는 안동민이 임사 체험(Near Death Experience)과 심령 과학, 사후 세계에 관련된 수 십 권의 책을 썼다. 그러나 죽음을 지척에 둔 이의 임종을 지켜보면, 식어가는 육체에 묶인 은사(銀絲)를 풀고 영혼이 몸으로부터 벗어나는 어떠한 단서도 포착할 수 없다. 임종을 지키는 순간 우리는 데카르트보다 메를로 퐁티의 생각에 동의하는 자신을 발견하곤 한다. 말하자면 죽음의 순간 인간의 영혼이 번데기와 같은 몸을 벗어버리고 나비처럼 훨훨 날아 영계에 이를 것이라는 변태성을 믿기보다는 뇌의 죽음과 함께 인간의 영혼도 소멸되어 버릴 것이라는 불안감이 더 현실적인 느낌으로 다가오는 것이다.

종묘시민공원에는 출근부가 없다. 누가 나오든 말든 아무도 관여하지 않지만 봄철 이후 날이 따스해지면 매일 2, 3000명의 노인들이 이곳을 찾는다. 강물은 여전히 그 자리에 있지만 그 물은 어제의 물이 아니라는 헤르만 헤세의 말처럼 이곳을 점유한 노인들 역시 어제의 그 노인들이 아니다. 이곳의 구성원들은 끊임없이 순환한다. 어제의 노인들은 오늘의 노인들에게 자리를 내주고 그들 또한 새로 유입되는 내일의 노인들에게 자리를 넘겨 줄 것이다. 결국 떠나는 이들은 더 이상 이곳에 머물 수 없는 이유를 안고 멀어진다. 어느 날부터인가 낯익은 얼굴이 사라지고 더 이상 볼 수 없게 되면 십중팔구 병원에 입원했을 가능성이 크다. 스스로의 의지로 몸을 움직일 수 없게 되면 요양병원이나 요양원으로 옮겨 가게 될 것이다. 그리고 결코 누구와도 동행할 수 없는 죽음의 순간을 맞이할 것이다. 그들은 무엇을 믿을까. 더 이상 애곡하는 일이 없고 눈물과 고통이 없는 평강만이 존재하는 영혼의 세계를 믿을까. 아니면 모든 것이 육체의 소멸과 함께할 것이라는 메를로 퐁티와 같은 유물론적인 세계관을 가지고 임종의 순간을 맞을까. 우리는 기독교적인 내세를 믿든 불교의 환생을 믿든 죽음 후에 또 다른 세계가 자신을 기다리고 있다는 사실을 확고한 믿음으로 간직하고 있는 사람들은 적어도 이곳에 나오지는 않을 것이라고 추론할 수 있다. 매미와 베짱이가 여름 한철을 즐기며 노래할 수 있는 것은 주어진 시간이 짧기 때문이다. 하루살이에게는 하루라는 시간이 전체의 시간으로 주어진다. 말하자면 매미나 베짱이에게는 여름 한철이 그들에게 주어진 모든 시간이다. 그러나 개미는 다르다. 개미는 이내 가을이 오고 찬바람 부는 겨울이 오리라는 생각, 즉 삶을 길게 보는 눈(long-term orientation)을 지니고 있다. 생각 속에 가을이 있고 겨울이 있는 개미에게 여름은 예비 식량을 비축할 수 있는, 고되지만 의미 있는 시간이다.

이러한 관점에서 보면, 종묘시민공원에 드나드는 노인들은 삶을 이 승의 삶으로 한정하는 매미와 같은 생각(short-term orientation)의 소유자들이라고 생각할 수밖에 없다. 바둑과 장기로, 잡담으로, 시국강연으로, 서서 마시는 한 잔의 소주로, 아줌마들과 어울려 마시는 커피로 하루의 시간을 물 쓰듯 쓴다. 그러나 누구에게나 폭력처럼 다가오는 죽음은 그들에게도 두려운 것이다.

종묘시민공원의 노인의 무리를 보면 그러한 미래를 아는지 모르는지 늘 평화롭고 한가해 보인다. 그러나 매 맞는 순서를 기다리는 학동들처럼, 자연계의 예외 없는 큰 순환의 한 과정에 자신들도 참여하지 않을 수 없다는 사실을 그들인들 어찌 모르랴. 다만 매미의 여름철과 같은 이승의 삶이 끝나면 영구히, 그리고 덧없이 소멸되고 말리라는 두려움을 애써 잊기 위해 그들은 필요 이상으로 순간을 즐길 장소가 필요할 뿐이다.

19

가족 가상 체험

관광지에 가면 사람들은 명승고적이나 아름다운 경치를 배경으로 사진을 찍는다. 사진은 그곳에 내가 있었음을 기억의 창고에 남기며 가까운 이웃들에게 그 사실을 확인시킬 근거가 되어 준다. 이렇게 찍힌 사진은 분명한 이야깃거리를 간직하고 있으며 공간축과 시간축으로 설정된 좌표를 갖는다.

그렇지만 카메라를 피사체 가까이 가져가면 어떻게 될까. 예를 들어 사람의 얼굴이 카메라 파인더에 가득 찰 정도로 접사를 하면 어떻게 될까. 카메라를 줌인하여 원경으로부터 근경에 이르도록, 또 근경으로부터 더 줌인하여 클로즈업을 시키면 피사체의 좌표는 점점 불명확해진다. 쉽게 말해 그 피사체가 어느 시각, 어느 공간에서 찍혔는지에 대한 시간성과 장소성이 점점 더 불명확해지는 것이다. 배경이 있어야 그가 어디에 위치하고 있는지 분명해지기 때문이다.

사진이나 그림이 소설과 똑같은 수는 없겠지만, 소설의 3대 요소를 사건, 인물, 배경이라고 볼 때 배경이 확실치 않으면 이야기가 발생하시 않는다는 점에서 소설과 사진은 공통점을 지닌다.

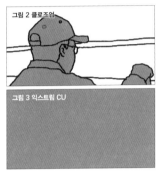

그림 1 회색면으로 처리된 인물의 프로필에서 우리는 주인공이 어느 여름날 낮, 공원의 느티나무 그늘에서 쉬고 있다는 사실을 알 수 있다. 그러나 이 인물을 그림 2처럼 클로즈업시키면 주인공을 둘러싸고 있는 좌표인 배경이 파인더 밖으로 밀리고 이로부터 얻어 낼 수 있는 이야기 역시 사라진다. 만일 그림 3과 같이 익스트림 클로즈업의 상태에 이르면 대상이 무엇인지 설명조차 할 수 없으며 다만 화면으로부터 받을 수 있는 느낌만이 남는다. 이처럼 배경은 주인공이 위치하는 좌표를 분명히 보여 주는 한편 그 배경과 주인공의 관계성을 지시하면서 이야기를 만들어 낼 근거를 제시한다. 그런데 그림이 차례대로 보여 주는 방식처럼 우리 눈과 관찰 대상 사이의 간격이 사라지면 그 대상으로부터 이야기가 발생하지는 않지만 대신 무언가 꼭 집어 말할 수는 없지만

어떤 뭉뚱그려진 느낌이 남게 된다. 이러한 느낌은 음악을 들을 때와 비슷한 정서라고 할 수 있다. 빠른 템포로 이어지는 베토벤의 피아노곡 「월광 소나타」 3악장을 들을 때, 또는 베르디의 오페라 「나부코」 중 3막 '히브리 노예의 합창'을 악기의 협연 없이 남성들만의 합창으로 들을 때 어떤 느낌인지 회상해 보자. 이러한 청각을 통한 느낌은 그림이나 사진처럼 형상이나 색채로부터 오는 시각적 느낌과는 다르다. 그것은 보이지 않은 감각이다. 청각적 느낌은 볼 수도 없고 만질 수도 없는 상태의 느낌이기 때문에 설명이 불가능한 순수한 감각만으로 다가온다. 앞의 그림은 비시각적이어서 설명이 불가능한, 순수한 감각의 세계를 시각적 차례를 통해 우리에게 보여 준다. 실제로 이러한 감각을 시각적으로 보여 주려고 시도한 화가가 있다. 아일랜드 출신의 화가 프란시스 베이컨이다.

　오른쪽의 그림 제목은 「루시앙 프로이트 초상을 위한 습작」이지만, 전혀 정상적인 인물화답지 않다. 루시앙 프로이트가 어떻게 생겼는지를 재현하지 않기 때문이다. 우리는 그림을 대할 때 흔히 두 가지 점에 유의한다. 첫째는 그것이 무엇을 그린 것(재현물)인지를 알고 싶어 하고, 두 번째로 전체의 그림이 우리에게 어떤 이야기를 던져 주고 있는가를 알아내고 싶어 한다. 지금까지의 그림은 그러한 욕망을 비교적 만족시켜 주는 것이었다. 그러나 베이컨의 그림은 이러한 일반적인 기대를 배반하고 있다. 그는 이야기 대신 무어라고 형용할 수 없으며 썩 유쾌하지 않은 뭉글뭉글한 느낌만을 준다. 이러한 애매한 느낌은 음악을 들을 때처럼, 꼬집어 설명할 수 없는 미묘한 정서 속으로 우리를 몰아

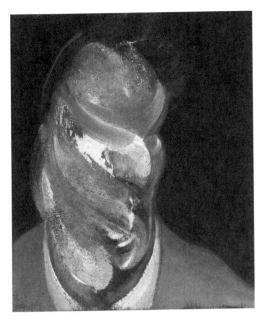

「루시앙 프로이트의 초상을 위한 습작(Study for Head of Lucian Freud)」
프란시스 베이컨, 1967, 퐁피두 센터

넣는다.

들뢰즈는 『감각의 논리』에서 전체적인 모습이 희생되는 대신에 몇 가지 부분들이 모여 뭉글뭉글한 느낌을 주는 형상은 눈으로 그것들을 만지는 듯한 촉감에 가깝다고 프란시스 베이컨의 그림을 평가했다. 이러한 형상으로부터 논리적인 설명을 캐낼 수는 없겠지만 그 대신 싱싱하게 살아 있는 순수한 감각의 세계로 초대를 받는다. 지금까지의 그림들이 매우 그럴 듯하게 묘사한 어떤 대상으로부터 이야기를 꺼내 보여 주기 위해 그려졌다면, 그의 그림은 좌표화하지 않는 애매한 공간을 그리고 있으며 우리 눈이 주목하는 주제와 배경을 분리하지 않기 때문에 이야기 대신 순수한 느낌만을 던져 준다.

오늘날 한국 사회가 노인을 바라보는 문제 역시 베이컨의 그림에 대한 들뢰즈의 관점처럼, 두 가지 측면이 있을 수 있다고 생각한다. 하나는 일정한 거리를 두고 객관적 대상으로 노인들을 바라보는 방식이고 또 하나는 일상 속 지근거리에서 그들과 함께 몸으로 부딪히면서 살아가는 방식이다. 지금으로부터 불과 5, 60년 전인 1950~60년대만 하더라도 육아 문제나 노인의 문제는 가정의 문제였기 때문에 가족들 사이에 객관적인 시각이 끼어들 만한 여백이 거의 없었다. 말하자면 육아의 성가심과 고단함, 혹은 집안 어른의 노환이 강요하는 고통에 가까운 효심은 가족이기 때문에 감내해야 할 당연한 덕목으로 간주되었다. 베이컨의 그림에 대한 들뢰즈의 표현을 빌려 이를 설명하자면 가족구성원들 사이에 형성된, 틈새가 없는 촉각적 공간은 대상과의 거리를 소멸시키는 클로즈업 효과를 발휘해 왔다. 그러므로 우리의 가족제도는 냉정하게 바라볼 공간을 설정하지 않았기 때문에 모든 것들을 몸으로 부비고 느끼며 사는 데 익숙한 촉각적 방식을 제공해 왔다.

그러나 최근 정부가 추진 중에 있는 노인복지 문제는 언제나 노인을 사회과학적인 입장에서 객관적인 대상으로 놓고 진단하며 처방한다. 즉 우리 눈과 노인 사이에 좌표로서의 공간을 설정하고 있기 때문에 많은 문제들을 감춤 없이 드러낸다. 요양원에 입원하여 혜택을 받으려면 건강보험공단으로부터 1~3등급의 중증환자로 판정을 받아야 한다. 그래야 재가(在家) 서비스를 받든 요양시설에 입소를 하든 지원을 받을 수 있다. 보건복지부의 대국민 장기요양보험대상에 대한 처방은 매우

대구 시니어체험관 내부
왼 쪽 방향을 돌려 지상까지 내려오도록 설계된 장애자를 위한 승용용 시트
오른쪽 리프팅과 각도 조절이 가능한 장애인용 욕조

합리적이고 객관적으로 보이기는 하지만 이러한 지원이 활발해질수록 노인들은 이제 가정을 떠나지 않으면 안 된다. 가족 관계를 유지하며 생활을 하려면 정부의 보조를 사실상 받을 수 없기 때문이다. 그러나 노인을 돌보기에도 어려운 상태에서 정부 지원금의 유혹으로부터 자유로울 수 있는 사람이 누가 있겠는가.

영유아 지원책도 마찬가지다. 집에서 어린아이를 보살피면 아무런 지원이 없는데 어린이집에 맡기면 정부로부터 월 35만 원가량의 복지 혜택을 받을 수 있다. 결과적으로 정부의 영유아와 노인을 상대로 한 복지대책은 한국의 가정, 즉 1차 집단을 해체하는 데 기여하며 그 현상을 심화시키고 있는 셈이다. 이에 대한 구체적인 증거가 시니어 체험관의 설립이다. 부산 금정구에 있는 해피 시니어체험관, 동대구 고속버스터미널 3층에 위치하고 있는 시니어체험관, 그리고 성남 야탑동에 자리잡은 성남고령친화종합 체험관 등은 우리 사회가 급속하게 원자화되고 있음을 간접적으로 증언한다. 가정이 해체되지 않은 상태로 존속

되어 있다면 일반 시민들이 생활 속의 체험을 버리고 가상 체험을 할 이유가 있을까.

이러한 시설에서 운영하고 있는 프로그램들은 불편한 노인들을 촉각적 거리에 두고 손으로 만지면서 고독과 괴로움과 슬픔을 함께 나누는 방식을 체험하도록 한다.

일상 속에서 고통과 괴로움, 불편함을 분리해 국가가 그 짐을 지려는 생각은 언뜻 보면 매우 설득력 있는 정책으로 다가온다. 그렇지만 우리의 일상에서 불편한 것들을 제거하면 과연 안락한 세상을 만들 수 있을까. 고통과 안락함이 한 몸에 대한 두 가지 진술이라는 사실을 외면하고 있는 정책이 불러오게 될 결과는 뻔하다. 그것은 분리 불가능한 일을 시도하고 있기에 결코 성공할 수 없을 뿐만 아니라 블랙홀처럼 기하급수적인 정부재정의 투입만을 요구함으로써 인간을 영혼 없는 물상적인 존재로 만들어 사회를 황폐하게 만들 것이다. 기독교 역사는 이러한 국가적 복지 정책이 불러올 결과를 우리에게 미리 일러주는 거울이다. 유대인들은 선함으로부터 죄성을 분리해 내 유토피아를 만들려고 끊임없이 분투해 왔지만, 결국 오늘날까지 성공을 거두지 못하고 있다. 「출애굽기」부터 「말라기」까지의 모든 기록은 선을 악함으로부터 분리해 내지 못한 실패의 역사적 기록이다. 물체의 운동과 저항이 하나의 현상에 대한 두 가지 보고(報告)인 것처럼, 죄성은 인간의 선한 의지가 마치 저항처럼 함께 작동하는 일종의 에너지다. 이를 어찌 분리할 수 있을까. 폴 틸리히도 인간을 신성과 마성의 복합체라고 말하지 않았던가. 우리가 맛있는 음식만을 취하며 이를 농부의 수고로움으로부터 분리해 내겠다는 발상은 성공을 거두지 못할 것이다. 유토피아는 그렇게 얻어지는 것이 아니라 고통과 슬픔, 눈물들이 뒤섞여 얻어지는 그 무엇이다.

만일 물질의 최소 단위가 원자가 아니라 분자이며 국가의 최소 단위가 개인이 아니라 가족이라는 생각에 동의한다면 우리는 지금이라도 그것의 해체가 아니라 복원에 재정을 더 많이 투입해야만 한다. 직장 여성을 위한 영유아의 육아 정책이나 노인의 요양 문제를 해결하기 위해 시설 중심의 재정 투입을 최소한으로 줄이고 시설 이용을 하지 않고 가정이라는 틀 안에서 문제를 싸안으려는 이들이 더 많은 지원을 받을 수 있도록 생각을 바꿔 나가야 할 것이다. 그렇지 않으면 우리 사회는 감각을 잃어버린 인간군을 부품으로 삼아 만들어진, 가공할 만한 거대한 '국가-기계'가 되어 버릴지도 모른다.

퇴적 공간의 존재 이유

인간은 자연의 산물이고 대지를 어머니로 하여 탄생한 존재다. 우리 몸은 태어날 때부터 대지의 질료를 바탕으로 구성되고 자연이 주는 자양분을 섭취하면서 자라 마침내 죽음을 통해 몸을 이루고 있었던 그 질료들을 대지에 되돌려 주기 때문이다. 물과 산과 들은 우리의 영원한 고향이다. 삶이 고단하고 부조리하다고 느낄 때마다 우리는 바다를 보러 혹은 산과 숲을 찾아 여행을 떠난다. 그리고 그곳에서 모든 것을 떨쳐 버리고 새로운 마음가짐으로 일상의 삶을 회복할 힘을 얻는다. 자연은 인간처럼 구체적인 언어를 구사하지 않지만 한없는 위로를 주고 생명을 위한 에너지를 고요히 제공한다.

조르주 바타이유의 일반경제라는 개념의 측면에서 보면 서울이라는 도시는 반자연적인 것들로 뭉쳐진 구성물이라고 할 수 있다. 그의 견해에 따르면 자연이 인간에게 주는 혜택, 특히 햇빛과 같은 것은 인간을 포함하여 지구상에 살아 있는 모든 생명체에게 무한한 에너지를 조건 없이 제공한다. 햇빛은 탄소동화작용을 일으키는 일에만 머물지 않고, 물을 증발시켜 수증기를 만들고 그 수증기가 구름이 되어 다시 생명체 들에게 비를 내리게 하는 일을 돕는다. 이러한 일련의 순환 과정에서 햇빛은 순환의 원인을 제공한 어떤 대가도 이어지는 현상에 요구하지 아니한다. 햇빛은 수증기에게, 수증기는 구름에게, 구름은 비에게, 또 비는 지상의 생명체에게 원인을 제공한 혜택을 요구하지 않는다. 이처 럼 자연은 지구상의 생명체에게 한정 없는 에너지를 제공하면서도 은 혜 갚기를 바라지 않는다. 이것이 바타이유의 거시경제(혹은 일반경제) 의 논리다. 우리가 삶에 지쳤을 때 도심을 벗어나 가까운 산이나 바다, 자연과 대지에서 새로운 에너지를 얻고 싶어하는 사실이 이를 반증한 다. 만일 자연의 대순환성이 인간에게 대가를 요구한다면 어떤 인간이 자연의 품속에서 위로와 생명력을 얻겠는가. 그러나 서울이라는 도시 는 왜 날이 갈수록 자연 친화성을 잃고 삭막해져 가는 것일까. 가로수 도 심고 도시공원도 조성하며, 아파트 단지마다 산책로도 만들어서 도 심 속에 자연을 끌어들이려고 애를 써도 도시는 여전히 회색빛이다.

서둘러 결론을 내릴 문제는 아니지만, 서울이 아무리 정교하고 지속 적인 노력을 한다 할지라도 그 의도는 성공을 거두기 어려울 것이다. 애초부터 생각의 출발이 잘못되었기 때문이다. 도시가 자연의 품속으 로 들어갈 것인가 아니면 도시가 자연을 끌어들일 것인가는 언뜻 생각 하면 같은 결과를 도출하리라고 예상할지 모르지만 실제로는 전혀 그렇지 않다는 사실을 우리는 일상에서 목격하게 된다. 자연을 도심 안으로 끌어들인다는 발상 자체가 얼마나 허구적인지는 자연과 도시 중 무엇이 우리의 삶에 보다 본원적인 영향을 끼치는가를 따져 보면 안다. 자연이 먼저 있었는가 도시가 자연보다 먼저 있었는가를 헤아려 보자. 한때 현대 도시의 에코라인이라고 대단한 반향을 일으켰던 청계천만 하더라도 청계천 변의 도시가 청계천에 귀속되지 않고, 오히려 도시 경관에 청계천이 편입되었다는 사실에서 문제의 본질을 발견할 수 있다. 오죽했으면 청계천에 '길다랗게 누워 있는 거대한 콘크리트 어항'이라는 별칭까지 붙였을까. 또 인사동 길은 어떤가. 결코 빠르게 이동해서는 안 될 아늑했던 길이었는데 길바닥을 박석으로 깔고 인도와 차도로 확연하게 구획 정리를 해 버린 의도는 무엇일까. 인사동 거리의 자연스러움을 인위적으로 만들어 무엇을 얻고자 했을까.

청계천이든 인사동 길이든 도시에 자연을 편입시키겠다는 발상은 이처럼 언제나 인위성을 불러오고 인간에 의해서 만들어진 기하형 조형물을 집적시킨다. 우리는 자연에 직선이 없고 기하학적 도형이 없다는 사실을 잘 알고 있다. 그렇지만 잘 다듬어진 도로망과 각종 탈것들, 공공시설과 주거지로서의 아파트 등 어느 것을 보아도 도심에서 자연친화적 유기적 선을 발견하기란 쉽지 않다. 심지어 농촌의 들판 한가운데에 기념비처럼 우뚝 서 있는 아파트에서도 인위적 기하직선을 흔히 목격하게 된다.

독일의 인류학자 베르너 사세는 공간디자인학회 2012년 춘계학술발표대회에서 한국의 아파트 그림을 보여 주면서 "사람이 사는 시설인가

자동차가 사는 시설인가"를 학회 회원들에게 물었다. 그러면서 질문에 답하기 전에 아래 그림과 같은 보기를 들었다. 아래 그림 중 어떤 것이 사람이 걷는 방식에 알맞은 길이며 또 어떤 것이 자동차가 가는 방식에 알맞은 길이라고 생각하느냐는 것이었다.

이어서 그는 다음 장의 그림과 같은 아파트 단지의 평면도를 보여주었다. 그림 속의 직선형 도로는 지금의 아파트와 형질이 더 닮아 있고 왼쪽의 오솔길과는 사뭇 다르다는 느낌을 준다. 그는 일련의 질문을 통해 아파트를 비롯한 현대 도시디자인 건물들이 결과적으로 그것이 디자인되기 위해 원래 그 자리에 있었던 자연을 몰아냈음을 깨닫게 한다.

그가 지적한 바와 같이 기하직선형 도로는 크게 두 가지 측면에서 자연을 현대 산업사회로부터 멀어지게 만들었다. 첫째는 자연의 무작위성과 유기성을 폭력적이고 파괴적인 인간의 질서로 대체했다는 점, 둘째는 물리적 속도가 인간의 자연 감각을 탈색해 버렸다는 점이다.

왼 쪽 **도시의 넓고 곧은 도로**
오른쪽 **구불구불한 산길**
두 그림 중 어느 쪽 그림이 사람의 걷는 방식에 알맞은 길이며 자동차가 달리는 방식에 알맞은 길인가

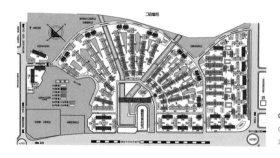

아파트 평면도
이 시설은 사람이 사는 시설인가,
자동차가 사는 시설인가.

    조선시대에는 과거시험에 응시하기 위해 부산에서 출발해 한양에 도착하는 데 평균 15일에서 20일이 소요되었다. 그러나 지금은 KTX로 세 시간이 채 걸리지 않는다. 시간은 엄청나게 단축되었지만 감각적 국토의 넓이는 그만큼 좁아졌고 한편 자연과의 거리는 그만큼 멀어졌다. 단축된 시간은 경제성과 편리성을 안겨 준 대신 자연이 주는 여유로움과 아늑함은 앗아갔다. 아침 안개가 호수로부터 잔잔히 피어오르는 장면을, 모래를 작고 둥글게 말아 뒷다리로 밀어내면서 굴을 파는 바닷게를, 두 다리에 노란 꽃가루를 뭉치기 위해 꽃들을 찾아 헤매는 일벌의 모습을, 늦여름 석양을 수놓는 빨간색 꼬리를 가진 고추잠자리의 군무를, 작은 조약돌을 쳐들었을 때 개울의 맑은 모래바닥에 숨죽이고 엎드려 있는 가재를 보는 자연친화적인 정서는 속도를 취하는 대신 내준 소중한 것들이다.

    이제 인간은 자연의 산물이라는 본원적인 사유를 잃고 문화와 문명이라는 이름 아래 자연으로부터 너무 많이 떨어져 나와 버렸다. 더 나아가 디지털의 세계는 자연에 없는 인공적인 감각의 세계로 우리를 유인한다. 엄청난 비극이 아닐 수 없다.

아래 그림은 삼성 DSC에서 제작한 2020년의 가상 디지털 현상을 상상해서 스케치한 증강현실(AR, augmented reality)의 상상도다. 길을 가다가 행인이 입고 있는 옷이 좋아 보여서 그쪽으로 손가락을 가리키면 옷의 가격, 판매 장소 등의 데이터가 뜨고, 페스트 푸드를 주문하면 음식의 성분이 어떤 영향을 주며 어느 정도 운동량의 칼로리인가를 계산해 보여 주며, 사람을 소개받으면 그 사람에 대한 각종 데이터가 공중에 뜨는 그런 일상에 살게 될 거라고 예고한다.

왼 쪽 **패스트푸드점에서의 AR**
가운데 **거리에서의 AR**
오른쪽 **커피숍에서의 AR**

그렇지만 디지털 미디어의 세계는 인간의 자연스러운 감각 세계를 초월한 속도로 이루어지기 때문에 그 편리성에도 불구하고 우리를 자연으로부터 박리시켜 인간의 유기체적 활동의 정상적인 흐름이 끊기는 중단이나 시스템 장애 등을 일으키게 한다.

프랑스 철학자 폴 비릴리오는 그의 책『소멸의 미학』에서 현대인은 인간이 지니고 있는 감각 속도보다 더 빠르게 변하는 기술문명 사회의 정치, 사회, 문화 현상들의 변화 속도 때문에 지각 촉수가 점점 무뎌져 '피크노랩시(Picnolepsis)'를 자주 경험하게 된다고 말했다. '피크노랩시'는 부지중에 뜻하지 않은 실수를 범하는 것처럼 흔히 일어나는 일상적인 경험이지만 그것이 뚜렷이 의식되지 못하고 사라지는 일종의 '기억 부재증'을 일컫는다. 이러한 현상은 인간이 소화해 낼 수 없는 속도 때문에 발생한다는 것이다.

그는 점점 더 빨라지는 속도가 우리의 시간과 공간을 소멸시키며 그 속도가 마침내 아무것도 없는 '텅 빈 세계'로 인간을 추방할 것이라고 경고한다. 또한 도시에 사는 사람은 자연사(自然死) 이전에 존재 소멸을 먼저 체험하게 되리라고 말했다.

지금까지 말해 온 모든 도시 현상들은 노인들을 끝 간 데 없이 추방한다. 시간이 흐를수록 그 추방은 가속화될 것이다. 이러한 현상이 우리를 슬프게 한다. 노인들은 유교적 도덕률의 붕괴로 이미 오래 전에 가정에서 추방되었다. 그들이 집을 나와 도심에 이르렀을 때 갈 수 있는 곳은 어디일까? 노인들은 집에서도 쫓겨나고 거리에서도 쉴 곳이 없다. 도시는 그들을 뒤에 남겨두고 진보라는 이름으로 앞을 향해 질주한다. 실버 세대들은 생물학적인 죽음을 맞기 이전에 이미 상당 정도 기술문명 사회의 시스템이 지닌 속도 때문에 '소멸'을 경험하고 있다고 말하는 편이 옳다. 이전 도시의 공간들은 고정된 것처럼 보였지만 이제는 파편처럼 조각나서 상수가 아니라 변수가 되어 버렸다. 각종 도로와 건물들이 도시의 공간을 상하좌우로 조각냈으며 디지털의 세계가 어떤 공간이라도 순식간에 이동이 가능한 부유하는 이미지로 도시를 탈바꿈시켰다. 과거의 공간도 또 지구촌 먼 곳에 있는 공간도 필요하다면 언제든지 가져오거나 버리거나 잘라 내거나 합성할 수 있게 되었다. 디지털 세대는 종전의 시대까지 '저기에 있었던 것'을 바로 '여기 있는 것'으로 만들며 언제나 '여기'에 있는 도구들을 사용한다. 소위 디지털 '여기족(Generation here)'이 탄생된 것이다.

이제 도시는 자연이 제공하던 공간이 아니라 조작된 이미지의 공간으로 가득 채워져서 거기에 미처 적응하지 못하고 있는 실버 세대들을 그 공간의 외곽으로 밀어내고 있다. 노인은 이러한 세계를 원한 바 없지만, 빠르게 발전하는 물질문명은 노인들의 감각을 배반하고 그들의 곁을 스쳐 빠르게 추월하고 있다. 그렇게 도시는 이들을 부적응의 대상, 즉 보헤미안으로 만들어 버렸다. 243쪽의 왼쪽 그림과 같은 도시의 도로는 각종 탈것을 통해 한 지점에서 다른 지점까지 빠르게 이동시킬 목적으로 만들어진 인프라이기 때문에 그 공간에 속한 누구라도 휴지(休止)를 허락하지 않는다. 땅 속을 부지런히 달리는 지하철은 더 문제가 된다. 소위 이동하면서 즐길 수 있는 중간 지대의 공간이 제공하는 정서를 허락하지 않는다. 그것은 인간을 화물처럼 이동시킬 뿐 그 사이 공간은 어둠의 커튼으로 가림으로써 자연을 인간으로부터 격리시킨다. KTX도 그 빠른 속도 때문에 맥스웰 색채 회전반의 혼합색처럼 자연 경관을 뭉개 버린다.

종묘시민공원을 중심으로 하는 종로3가 역, 허리우드 클래식 등은 가정으로부터의 1차적 추방과 도시의 속도가 주는 소멸이라는 이름의 제2의 추방이 교차하면서 형성된 도피성 공간일지 모른다. 그곳은 도

시의 인위성에 밀리고 속도에 적응하지 못한 인간들이 강 하구의 삼각
주에 쌓여 가는 모래섬처럼 모여드는 퇴적 공간이다. 그 공간에서 나
날을 보내는 노인들은 어쩌면 이제는 서울 시민들이 잃어버리고 있는,
인간이 지닌 자연의 감각을 원형처럼 간직하고 있는 원질(原質)과 같은
대상이 아닐까. 우리가 현대의 갖가지 정신질환으로부터 벗어나기 위
해 만일 다시 자연의 감각을 지니기를 원하는 시기가 도래한다면, 이
퇴적 공간은 우리가 영원히 보존해야 할 자산적 가치가 있는 귀중한
공간이 될 것이다.

참고 문헌

1장

『나라야마부시코』, 후가자와시치로, 한명준 옮김, 출판시대, 1999

2장

『광기의 역사』, 미셸 푸코, 이규현 옮김, 나남, 2010

3장

『쓰레기가 되는 삶들』, 지그문트 바우만, 정일준 옮김, 새물결, 2008
『서양미술사』, 호스트 월드마 잰슨 · 앤소니 F. 잰슨, 최기득 옮김, 미진사, 2008
『느낌표를 찾아서』, 정채봉, 동아출판사, 1991
『경계에 선 줄리아 크리스테바』, 노엘 맥아피, 이부순 옮김, 앨프, 2010
『예술 작품의 근원』, 마르틴 하이데거, 오병남 · 민형원 옮김, 예전사, 1996

6장

『신통기』, 헤시오도스, 김원익 옮김, 민음사, 2003

7장

『로쟈의 인문학 서재』, 이현우, 산책자, 2009
『단테 신곡 강의』, 이마미치 도모노부, 이영미 옮김, 안티쿠스, 2008

8장

『조선시대 기로정책 연구』, 박상환, 혜안, 2000

9장

『천 개의 고원』, 질 들뢰즈 · 펠릭스 가타리, 김재인 옮김, 새물결, 2001
『감정노동』, 앨리 러셀 혹실드, 이가람 옮김, 이매진, 2009
『감각의 논리』, 질 들뢰즈, 하태환 옮김, 민음사, 2008

10장

『시네마 1』, 질 들뢰즈, 유진상 옮김, 시각과 언어, 2002

11장

『안견과 몽유도원도』, 안휘준, 사회평론, 2009

『한국의 미술가』, 안휘준 외 11인, 사회평론, 2006

『노인들의 집단 문화에 대한 문화기술지 연구』, 김소진, 「사회복지연구」, 2009 가을호

12장

『그리스 비극 - 아이스킬로스 편』, 이근삼 · 오화섭 · 김세영 옮김, 현암사, 2006

『다시 쓰는 그리스 신화』, 김길수, 소피아, 2008

『헤겔 정신 현상학의 이해』, 한자경, 서광사, 2009

『인정 투쟁』, 악셀 호네트, 이현재 · 문성훈 옮김, 사월의책, 2011

13장

『선비의 육아일기를 읽다』, 김찬웅 엮음, 글항아리, 2008

『조선 평전-60가지 진풍경으로 그리는 조선』, 신병주, 글항아리, 2011

『위대한 남자들도 자식 때문에 울었다』, 모리시타 겐지, 양억관 옮김, 황소자리, 2004

14장

『시학』, 아리스토텔레스, 천병희 옮김, 문예출판사, 2002년

『숭고의 미학』, 안성찬, 유로서적, 2000

『철학 이야기』, 월 듀란트, 임헌영 옮김, 동서문화사, 2007년

16장

『폴 틸리히 생애와 사상』, 김경재, 대한기독교서회, 1994

『유홍준의 국보순례』, 유홍준, 눌와, 2011

『이집트 사자의 서』, 서규석 엮음, 문학동네, 1999

17장

『이반 일리치의 죽음』, 레프 니콜라예비치 톨스토이, 고일 옮김, 작가정신, 2011

『불교의 심층심리』, 오다 규기, 정병조 엮음, 현음사, 1983

18장

『세상에서 가장 흥미로운 철학 이야기-근현대 편』, 이동희, 휴머니스트, 2010

『현대물리학이 발견한 창조주』, 폴 데이비스, 류시화 옮김, 정신세계사, 1988

나가는 글

『소멸의 미학』, 폴 비릴리오, 김경온 옮김, 연세대학교출판부, 2004

『디지털 보헤미안』, 홀름 프리베 · 사샤 로보, 두행숙 옮김, 프로네시스, 2011

퇴적 공간

1판 1쇄 펴냄 2014년 2월 5일
1판 7쇄 펴냄 2018년 3월 20일

지은이 | 오근재
발행인 | 박근섭
기획 | 안신영
펴낸곳 | ㈜민음인

출판등록 | 2009. 10. 8 (제2009-000273호)
주소 | 135-887 서울 강남구 신사동 506 강남출판문화센터 5층
전화 | **영업부** 515-2000 **편집부** 3446-8774 **팩시밀리** 515-2007
홈페이지 | minumin.minumsa.com

© 오근재, 2014. Printed in Seoul, Korea
ISBN 978-89-6017-352-1 03300

㈜민음인은 민음사 출판 그룹의 자회사입니다.